Bernhard Kugler

Die deutschen codices Albert's von Aachen

Bernhard Kugler

Die deutschen codices Albert's von Aachen

ISBN/EAN: 9783744619356

Hergestellt in Europa, USA, Kanada, Australien, Japan

Cover: Foto ©ninafisch / pixelio.de

Weitere Bücher finden Sie auf **www.hansebooks.com**

Die deutschen codices Albert's von Aachen

Bernhard Kugler

Unter dem Dekanat des Professor Dr Edmund Pfleiderer 1893/94 wurden von 54 Bewerbern folgende 35 zu Doktoren der Philosophie ernannt:

1893

J. Amsdorf, Landshut.	12. Mai.
Haruthün Daghbaschean, Armenien.	1. Juni.
Karl Weller, Ludwigsburg.	1. Juni.
Hugo Hänsel, Rauden, Oberschlesien.	1. Juni.
Edward Stilgebauer, Frankfurt am Main.	22. Juni.
Ferdinand Haberkamp, Düsseldorf.	22. Juni.
Johann Güldner, Haan in Rheinpreussen.	22. Juni.
Theodor Drück, Ulm.	20. Juli.
H. W. Madden, Köln.	20. Juli.
Theodor Thaden, Rendsburg.	20. Juli.
P. Hofacker, Stuttgart.	20. Juli.
Abraham Morgenstern, Weisskirchen in Mähren.	27. Juli.
Joseph Dahmen, Köln.	27. Juli.
G. Krause, Düsseldorf.	5. August.
K. Vogt, Stuttgart.	5. August.
H. Volger, Kiel.	10. August.
Bernhard Königsberger, Breslau.	10. August.
Joseph Wiedenhöfer, Rattstadt.	10. August.
Heinrich Katz, Grohn in Hannover.	9. November.

K. Grunsky, Mötzingen.	16. November.
Julius Wagner, Esslingen.	30. November.
Theodor Klaiber, Gräfenhausen.	14. Dezember.
Friedrich Goldbach, Köln.	14. Dezember.

1894

Eduard Schäfer, Winterthur.	11. Januar.
Ephraim Finkel, Tarnopol.	11. Januar.
Adolf Kohleiss, Heilbronn.	11. Januar.
Ernst Jäde, Köln.	1. Februar.
Albert Schinz, Neuenburg.	1. Februar.
Th. Kolb, Stuttgart.	15. Februar.
Fr. W. Crowder, Baltimore.	15. Februar.
M. E. Wittmann, New-York	1. März.
G. Rupp, Backnang.	1. März.
Heinrich Runkel, Datzeroth, Rheinland.	8. März.
Hermann Eberle, Schönthal.	8. März.
G. Wolz, Neusess bei Mergentheim.	8. März.

Erneuert wurden die vor 50 Jahren ertheilten Doktordiplome den Herren

Professor Dr Ludwig Schmid in Tübingen am 11. April 1893,
Professor Dr Rudolf von Roth in Tübingen am 24. August 1893,
dem Pfarrer Dr Brischar in Bühl bei Rottenburg am Neckar am 24. August 1893,
dem Prälaten Dr Karl von Lechler in Ulm am 7. November 1893.

DIE DEUTSCHEN

CODICES ALBERT'S VON AACHEN.

Unter den deutschen Codices Albert's von Aachen sind natürlich nicht in deutscher Sprache geschriebene, sondern die in Deutschland befindlichen Codices Albert's gemeint. Diese Codices sind von den Herausgebern Albert's im *Recueil des historiens des croisades* nicht berücksichtigt worden, so dass eine Untersuchung derselben zu den wichtigsten Aufgaben der Quellenforschung im Gebiete der Geschichte der Kreuzzüge gezählt werden darf. Mir lag die Lösung dieser Aufgabe um so näher, als ich mich nicht blos seit langen Jahren mit der Chronik Albert's eingehend beschäftigt, sondern überdies in einem Universitätsprogramm des vorigen Jahres den neu entdeckten, im Besitz des Freiherrn von dem Bussche-Hünnefeld befindlichen Albertcodex ausführlich behandelt habe. Seitdem habe ich die Albertcodices von Trier, Nürnberg, Hannover und Darmstadt durchgesehen und, soweit nötig, excerpiert und lege nunmehr den Fachgenossen auf den folgenden Blättern das Ergebnis meiner Untersuchung vor.

Der Trierer Codex befindet sich in der dortigen Stadtbibliothek, nicht unter der von den Herausgebern des Recueil angegebenen Nummer 1536, sondern unter den Nummern CCXI, 1974. Er ist eine Papierhandschrift des 15. Jahrhunderts, also sehr jungen Datums und vielleicht der jüngste aller in Rede stehenden Codices. Sein Wert ist gering. Der Anfang des 4. Buches lautet etwas abweichend von den sonst bekannten Lesarten: *Taliter triumphatis et obrutis in gurgitibus in flumine adversariis christianae plebis.* Das 62. Kapitel des 7. Buches, welches von Händeln zwischen König Balduin I. und Patriarch Dagobert berichtet und das in den Handschriften wie in den Editionen so vielfach hin und her geworfen ist und dadurch weit wirkende Missverständnisse verursacht hat, steht im Trierer Codex, wenn auch mitten zwischen falschen Kapitelnummern, so doch im übrigen an der rechten Stelle. Beachtenswert ist schliesslich noch, dass der Anfang der Chronik Albert's in unserem Codex fehlt und dass dieser somit das Schicksal teilt, dem auch ein Paar der ältesten und besten Codices verfallen ist. Der von den Herausgebern des Recueil mit C bezeichnete römische Codex von 1158 beginnt erst lib. I cap. XIX mit den Worten: *viam insistunt ad urbem Nicaeam* (Recueil pag. 287 B 5). Der sehr wertvolle, auf den folgenden Blättern behandelte Darmstädter Codex beginnt in seinem ältesten Teile lib. I cap. XXIII mit den Worten: *Non multo temporis intervallo* (Recueil 289 E 4). Der Trierer Codex fängt sogar erst an lib. II cap. XVIII mit den Worten: *introivit in osculo pacis* (Recueil 312 E 1).

Der Nürnberger Codex (Stadtbibliothek II, 100) ist ein schöner Pergamentband in Grossfolio. Die Handschrift ist deutlich, wohl erhalten, mit vielen bunten Initialen geschmückt, im übrigen ebenfalls noch dem 15. Jahrhundert angehörig, also auch noch sehr jungen Datums. Der Codex umfasst 270 Blätter, von denen Blatt 1—183 das Pantheon Gottfried's von Viterbo enthalten, Blatt 184—270 unsern Albert. Zwischen den Blättern 199 und 200 fehlen etwa zehn

Kapitel, lib. III, 3 bis lib. III, 13, von *exerceri gaudet* (Recueil pag. 341 A 1) an bis *advolans, turmas* (Recueil 348 A 1). Das schon beim Trierer Codex hervorgehobene 62. Kapitel des siebenten Buches befindet sich auch in dieser Handschrift an rechter Stelle. Von den Kapiteln 36 und 37 des sechsten Buches, in denen die Wunderzeichen geschildert werden, durch welche die Erhöhung Gottfried's zum Beherrscher Jerusalems voraus verkündet worden sei, fehlt im fortlaufenden Text das 37. Dafür folgt nach dem Schluss des ganzen Werkes eine selbständige Erzählung, welche das 36. Kapitel mit geringen stilistischen Änderungen, wie sie eben die Selbständigkeit der Erzählung erforderte, sodann das 37. Kapitel und endlich einen eigens hinzu komponierten Epilog umfasst. Diese selbständige Erzählung beginnt mit dem Satz: *Revelatum est* [1]) *cuidam catholico fratri et canonico sancte Marie Aquis, Gisilberto nomine, in septimo mense discessionis ac peregrinationis Gotfridi ducis* [2]), *quoniam caput omnium et princeps futurus esset in Jherusalem a Deo prescitus et constitutus*. Nach diesem Satze folgen der Rest des Kapitels 36 und Kapitel 37, wie sie im Recueil zu lesen sind. Daran schliesst sich der Epilog: *Horum sompniorum presignatione ex Dei ordinatione populique christiani benivolentia Gotfridus ad principem ac rectorem suorum confratrum in solio regni Jherusalem exaltatus est, fide et ope christianissimus. Qui post immensos labores, quibus attritus est christianus exercitus, tandem in pace quievit; sepultus est in valle Golgata Calvarie montis, in portica templi Dominici sepulchri. Cujus fidem et*

1) Im fortlaufenden Text *Praeterea revelatum est*. Vergl. Recueil 487 D 4.
2) Im fortlaufenden Text *ejusdem ducis*. Vergl. Recueil 487 E 1.

industriam, qua non solum inter christianos rerum etiam inter gentiles magnificus habebatur, in hoc opere breviter explanavimus, ut legentibus liquido pateat, quo zelo fideique calore succensus pro fratribus usque ad mortem dimicaverit, terram quoque Jherosolimitanam ritu gentilitatis hactenus detentam matri ecclesie restituerit. Hujus nomen in libro vite celestis ascriptum est et memoriale ejus non derelinquetur in seculo. Cui non inferior in omni opere bellico frater ejus uterinus Balduinus successit in regnum, miles strenuus et in cunctis regionibus Sarracenorum nominatissimus, qui et ipse post innumeros labores bellorum et nobiles triumphos dormivit in pace, sepultus aput fratrem suum. Mortuo clarissimo principe Jherusalem Balduuino, fratre nobilissimi ac preclarissimi ducis Gotefridi, qui principatum Jherusalem strenuue rexit, successit ei in regnum Balduuinus de Burch et ipse gloria bellorum illustris.

Dieser Epilog ist selbstverständlich von einem Leser und Copisten Albert's verfasst, und zwar um so zweifelloser, als der Anfang dem 38. Kapitel des sechsten Buches Albert's und die Bemerkung über die Grabstätte Gottfried's dem 21. Kapitel des siebenten Buches (Recueil 521 A 3) entnommen ist. Die ganze Zusammenfassung der *sompniorum presignatio* und des Epilogs ist natürlich von demselben Leser und Copisten veranstaltet worden und dabei hat sich derselbe, offenbar um Wiederholungen wenigstens teilweise vorzubeugen, veranlasst gefühlt, im fortlaufenden Text das 37. Kapitel des sechsten Buches fortzulassen.

Die Hinzufügung der „selbständigen Erzählung" nach dem Schlusse des Albert'schen Werkes führt uns aber sogleich einen Schritt weiter. Hagenmeyer hat in seinem Buche über Peter den Einsiedler einen Codex von Tournay für die sagenhafte Pilgerfahrt Peter's nach Jerusalem vor dem ersten Kreuzzuge benützt. Auf meine Anfrage nach dem Umfange des betreffenden Berichts in diesem Codex hat Hagenmeyer die Güte gehabt, meine Vermutung zu bestätigen, dass es sich lediglich um ein Blatt handelt (Cod. Tornac. fol. 98 b) und nur um den Bericht über jene Pilgerfahrt (Recueil lib. I cap. II, pag. 272 A 1: *Sacerdos quidam* bis lib. I cap. V, pag. 274 C 1: *ex regno Danorum*). Man könnte nun auf den Gedanken kommen, dass hier eine kleine originale Erzählung vorliege, die erst später von Albert verwertet worden sei. Das hiesse aber die Filiation der Überlieferungen unnötig verwickelt gestalten. Man darf vielmehr und man muss deshalb schlechtweg das Einfachste und Natürlichste annehmen, dass auch hier ein Leser Albert's, von dem erbaulichen Inhalt des Berichts hingerissen, denselben in Freude und Eifer copiert und so für sich allein den Zeitgenossen und der Nachwelt überliefert hat.

Wie stark unter den erbaulichen Erzählungen Albert's gerade die Legende von der ersten Jerusalemfahrt Peter's auf die Menschen des 12. und 13. Jahrhunderts gewirkt hat, davon giebt auch der Darmstädter Codex einen deutlichen Fingerzeig. Der Anfang dieses Codex gehört zwar einer jüngeren Hand an als die Hauptmasse desselben, etwa einer Hand aus dem Anfang des 13. Jahrhunderts, doch thut das hier nichts zur Sache. Wesentlich ist dagegen, dass der erste Buchstabe von lib. I cap. II: S (*Sacerdos*) ein grosses, schönes, rot gemaltes Initial bildet, während in dem ganzen übrigen

Codex sich keine Kapitelinitialen finden, und dass die Erzählung dann ohne Kapitelnummerierung bis zum Schluss der Peterlegende (*ex regno Danorum*, Schluss von cap. V) fortläuft, worauf mit einer roten VI die fernere Kapitelnummerierung anhebt. Die Peterlegende ist demnach durch das rote S und die rote VI gleichsam eingerahmt und aus dem übrigen Text herausgehoben. Nach Alledem dürfte sich nun Folgendes ergeben. Die Leser und Copisten Albert's, gelehrte Mönche, waren nicht blos von dem Verlangen erfüllt, die historisch beglaubigten Heldenthaten der Kreuzfahrer kennen zu lernen und Anderen mitzuteilen; in Herz und Kopf waren sie daneben und noch viel mehr ergriffen von der Mythographie des grossen Kreuzzugs. In ihrer Erinnerung mochten die phantastischen Lieder leben, in denen fahrende Sänger den Ruhm des frommen Einsiedlers und des gottbegnadeten Lothringer Herzogs von Burg zu Burg und von Kloster zu Kloster getragen hatten. Als sie dann in dem scheinbar durchweg gelehrten Werke Albert's, in würdiger lateinischer Prosa denselben Ruhm, dieselben Visionen, dieselben Wunder lasen, da schmückten sie begeisterungsvoll diese Berichte mit kunstgeübter Hand und copierten oder bearbeiteten sie als erbauliche Traktate, losgelöst von der grossen Chronik, auf besonderen Blättern. Durch den nächstliegenden Rückschluss ergiebt sich aber auch hieraus die ursprüngliche Zusammensetzung von Albert's Werk. Dasselbe bestand zum grössten Teile aus der ernsten, glaubwürdigen lothringischen Chronik, von der jedoch keine fromme Mönchshand jemals ein Stück besonders hervorzuheben versucht hat, und aus der poetischen Phantastik der Mythographie, die mit ewig jungem Reize, wie wir gesehen haben, selbst in die Zellen der Klöster hineinwirkte und unaufhörlich zu neuen litterarischen Schöpfungen anregte.

Wir kommen zu dem Codex der königlichen Bibliothek zu Hannover (XXXVII, 1808). Derselbe besteht aus einem dünnen Heft, welches 18 ganze und 2 halbe Pergament-Folioblätter enthält. Die einzelnen Blätter scheinen vor ihrer Wiedervereinigung eine Zeit lang als Umschläge und Schutzdecken für Archivalien gedient zu haben: wenigstens weisen Gummispuren, umgebogene Ränder und auf den Rändern eingetragene Archivbemerkungen darauf hin [1]). Vor den Pergamentblättern befindet sich ein Papierblatt mit zum Teil unrichtiger Inhaltsangabe des Codex und von moderner Hand paginiert. Der wahre Inhalt des Codex ist [2]):

Blatt 1. Lib. IV cap. III: *et principes* (Recueil pag. 390 C 5) bis cap. VI: *Petri here* — (Rec. p. 392 D 5).

„ 2. Lib. IV cap. XVI: — *dus* (sic!) *Robertus* (Rec. p. 400 C 4: Godefridus dux, Robertus) bis cap. XIX: *Turcus sicut de* — (Rec. 402 D 3).

„ 3. Lib. IV cap. XLVIII: — *re nec eiros* (Rec. cap. XLIX 423 G 5) bis cap. L: *dorso remen* — (Rec. cap. LI 425 F 3).

„ 4. Lib. IV cap. XLVI: *concenerunt* (Rec. cap. XLVII 422 A 4) bis cap. XLVIII: *posse obsiste* — (Rec. cap. XLIX 423

---

1) Auf Blatt 1 steht z. B.: *Graven vom Adel uuud andere gemeine Schrifften — 1559*. Auf Blatt 3: *formul. vol. III*. Auf Blatt 4: *formul. vol. III*. Auf Blatt 7: *Hierin seint geheft Marggraff Hauss u. s. f. g. Gemahl Briefe so ahn ein g. f. und Herrn geschrieben. Im 59 u. 60 Jahr.* Auf Blatt 8: *Consiliorum Lib. III*. Auf Blatt 11: *Annotat. et Lectu. Lib. II.* u. s. w.

2) Hiernach ist auch Recueil préface pag. XXVII zu berichtigen.

G 5). — Hiernach hätte Blatt 4 vor Blatt 3 geheftet werden sollen.

Blatt 5 und 6. Beide Blätter hängen unmittelbar zusammen. Index capitum libri V von Nummer XVII an: — *tirorum munera* (Rec. 431) bis lib. V cap. V: *sperantes ali* — (Rec. 435 F 1).

„ 7. Lib. VII cap. VI: *cum utrisque* (Rec. 511 D 4) bis cap. X: *rerita* — (Rec. 513 F 4).

„ 8. Lib. VII cap. XVI: — *beriudis* (Rec. 518 A 5) bis cap. XX: *Cayphas dictum* (Rec. 520 B 3). — Die Handschrift hat statt der Kapitelzahlen XIX und XX übrigens fälschlich gesetzt XXIX und XXX.

„ 9. Lib. VII cap. XXXII: — *gione Cybel* (Rec. 528 F 1) bis cap. XXXIV: *cecidisse reper* — (Rec. 530 E 3).

„ 10. Lib. VII cap. XL: *specu hoc eos* (Rec. 534 G 1) bis cap. XLIII: *regis Salomonis* (Rec. 537 A 5).

„ 11. Lib. VII cap. LXVI: *cursu sit potentior* (Rec. cap. LXVII 550 E 2) bis cap. LXIX: *rex autem rerer* — (Rec. cap. LXX 552 G 2). — Die Handschrift hat statt der Kapitelzahlen LXVIII und LXIX fälschlich gesetzt XLVIII und XLIX.

Halbblatt 1. Dasselbe enthält Fragmente von lib. VIII cap. IX, X und XI. Es ist dem Avers des 11. Blattes angefügt, während es mindestens am Revers desselben hätte befestigt werden sollen.

Blatt 12. Lib. VII cap. LXI: *sustulit* (Rec. 547 F 1). Nach cap. LXI fehlt hier an der richtigen Stelle, wo es hätte stehen sollen, das oben mehrfach erwähnte, so übel hin und her geworfene cap. LXII, und es folgt sogleich cap. LXIII, jedoch mit der Nummer LXII. Der Text erstreckt sich bis cap. LXVI: *ceteris equis* (Rec. cap. LXVII 550 E 2). — Das ganze Blatt hätte vor Blatt 11 geheftet werden sollen.

Blatt 13. Lib. X cap. XVIII: *Botherus igitur* (Rec. cap. XIX 640 A 4) bis cap. XXII: *pedem acerteri* — (Rec. cap. XXIII 642 C 2).

„ 14. Lib. X cap. LV: *in hoc modo* (Rec. cap. LVI 657 E 2) bis zum Index capitum libri XI Nummer VI: *et responsio* (Rec. 661). — Die Handschrift steht hinter dem Recueil um eine Kapitelnummer zurück, zählt daher statt der vier letzten Kapitel des zehnten Buches des Recueil (LVI—LIX) nur die Nummern LV—LVIII; dann aber folgt in der Handschrift als Nummer LIX das oben in lib. VII fehlende cap. LXII.

„ 15. Lib. XII cap. XIII: *marino certamine* (Rec. 697 B 3) bis cap. XVII: *nuptias regis* (Rec. 699 B 4).

„ 16 und 17. Beide Blätter hingen unmittelbar zusammen. Index capitum libri XII von Nummer 12 an: *Rex, sexdecim milibus* (Rec. 687) bis cap. VII: *per montana* (Rec. 692 G 1). — Hiernach hätten die Blätter 16 und 17 vor Blatt 15 geheftet werden sollen.

„ 18. Lib. XI cap. XXXV: *Pascha Domini* (Rec. 680 A 5) bis cap. XL: *quinquaginta equitibus* (Rec. 682 D 3). — Hiernach hätte Blatt 18 vor die Blätter 15, 16 und 17 geheftet werden sollen.

Halbblatt 2. Dasselbe enthält Fragmente von lib. XII cap. XXIII, XXIV, XXV. Es ist dem Avers von Blatt 18 angefügt, hätte aber eigentlich den Schluss der ganzen Blättersammlung bilden sollen.

Der Codex zeigt die Buchstabenformen des 13. Jahrhunderts. Er ist gleichmässig und im ganzen sorgfältig geschrieben, enthält jedoch ziemlich viele Schreibfehler und fragwürdige Lesarten, daneben aber auch einige gute Varianten, welche der Beachtung künftiger Editoren Albert's würdig sind. Hinsichtlich seiner Verwandtschaft mit andern Albertcodices ist Folgendes zu bemerken. Die Herausgeber des Recueil haben die von ihnen benutzten Codices mit den Buchstaben A, B, C, D und die älteren Ausgaben Albert's von Reineccius und Bongars mit F und G bezeichnet, wovon übrigens G, als unverbesserter Wiederabdruck von F, fernerhin unberücksichtigt bleiben kann. Die Ausgabe F soll überdies, nach den Herausgebern des Recueil, nur eine Vervielfältigung des Codex D sein. Im Anschluss an diese Buchstaben möchte ich den Darmstädter Codex mit E bezeichnen, den im vorigen Jahre von mir behandelten Codex des Freiherrn von dem Bussche-Hünnefeld mit H und den hannöverschen mit J. Sämtliche benützte Codices und die Ausgaben scheiden sich nun nach der Stellung des viel berufenen 62. Kapitels des siebenten Buches in zwei Gruppen. An die richtige Stelle setzen dieses Kapitel A, B, C, E, der Recueil, Nürnberg und Trier, an die falsche Stelle und zwar stets an den Schluss des zehnten Buches D, F, G, H und J. Dem entsprechend zeigt sich J am nächsten verwandt mit D und H, daneben jedoch auch, obgleich in fortschreitender Degression mit

C, B und sogar mit A. Wiederum ergiebt sich hieraus, worauf ich schon im vorigen Jahre aufmerksam gemacht habe (S. mein Programm S. 15), dass die Herausgeber des Recueil den Codex D und Alles, was mit ihm zusammenhängt, nicht eingehend genug gewürdigt, vielmehr zu sorglos in Bausch und Bogen genommen und etwas gedankenlos in den Hintergrund gedrängt haben.

Hier muss eine schärfere Prüfung um so mehr einsetzen, als es auch äusserst fraglich erscheint, ob der Codex D wirklich die Grundlage der Ausgabe F ist. Denn diese enthält trotz weit gehender Übereinstimmung mit D recht viele Stellen, die weder aus D stammen, noch auch, wie man mit Sicherheit aussprechen kann, der Interpretationskunst des Herausgebers ihr Dasein verdanken, sondern aus anderen Codices herrühren und aus diesen in die offenbar nicht mit D übereinstimmende Grundlage der Ausgabe F gelangt sind [1]).

[1]) Zum Beweise des oben Gesagten mag folgende Liste dienen, die zwar nur die meisten, aber hinreichend viele Abweichungen der Ausgabe F vom Codex D umfasst. — *reditus* (Recueil pag. 288 D 2) *reditum* (BEF), *recucurrit* (Rec. 328 E 2) *recurrit* (BEF), *tiro* (Rec. 330 A 4) *et tyro* (EFHJ), *aetate major* (Rec. 390 D 2) *etate prior* (BEFHJ), *statuta* (Rec. 422 C 1) *constituta* (BEF), *Pelez* (Rec. 422 E 1) *Peleiz* (FJ), *celeriter* (Rec. 425 C 1) *cito* (FJ), *ex Turco* (Rec. 434 G 2) *et Turco* (BEF), *ac densitate* (Rec. 447 F 5) *et densitate* (BCEF), *fretam* (Rec. 448 D 4) *foetam* (BCEFH), *reciperet* (Rec. 453 D 5) *acciperet* (BEF), *semitas* (Rec. 458 A 1) *semitam* (BEF), *ac media* (Rec. 477 E 2) *et media* (EF), *Ruthardo* (Rec. 481 F 2) *Rothardo* (CEF), *consummantes* (Rec. 494 F) *consumentes* (EFH), *contulere* (Rec. 495 A 5) *contulerunt* (BEF), *collocata* (Rec. 499 B 2) *collata* (EFH), *reliquis etiam* (Rec. 499 E 5) *et reliquis* (BEF), *eorum* (Rec. 499 F 2) *earum* (EFH), *angustiata* (Rec. 500 F 2) *angustiata* (BEF), *Fresia* (Rec. 500 G 3) *Frisia* (BEF), *secessit* (Rec. 503 D 3) *secessit et* (BCEF), *centum* (Rec. 514 B 2) *centum et* (BCEF), *praedas* (Rec. 518 A 3) *et predas* (EF), *adesse* (Rec. 530 C 1) *prodesse* (FHJ),

Der Codex J hat nach allem Obigen zwar nur einen bescheidenen Wert. Immerhin gehört er zu den älteren Codices, und die Varianten, die er enthält, lassen sich bei seinem geringen Umfang auf wenigen Seiten zusammenstellen, und zwar in um so kürzerer Fassung, als bei einem unter öffentlicher Hut stehenden Codex nicht so skrupulös verfahren zu werden braucht als bei jenem im Privatbesitz befindlichen Codex des Freiherrn von dem Bussche-Hünnefeld. Es erscheint bei dem hannöverschen Codex überflüssig, alle Wortumstellungen, Schreibfehler, Nachträge, Correcturen und Rasuren einzeln aufzuführen: es genügt diejenigen Varianten mitzuteilen, die für die Feststellung des Urtextes irgend welche Bedeutung haben oder haben können.

Bezüglich der Orthographie des Codex mag noch erwähnt werden, dass der Gebrauch von i und y, auch innerhalb desselben Wortes, schwankt; ebenso der Gebrauch von c und t, inm und imm, ndm und amm, adqu und acqu, exsi und exi, exsp und exp, exst und ext. Für ae und oe steht immer e, für hi hii, für quatenus quatinus. Für Baldevvinus steht ein paarmal Baldvvinus und Balduinus. Sodann kommen vor: Alapia, Antiochia, Antyochia und An-

---

in ultione (Rec. 535 A 1) *in ultionem* (BEF), *corum* (Rec. 542 A 1) *illorum* (BEFH), *bello* (Rec. 570 B 4) *a bello* (EF), *egressi* (Rec. 583 A 2) *regressi* (BEFH), *Ascalonae* (Rec. 596 D 5) *Ascalonis* (BEF), *tempore* (Rec. 601 D 3) *temperie* (BEF), *et machinas* (Rec. 632 F 2) *et* (unter — d. h. ausgestrichen in E, fehlt in F), *vel argumentum* (Rec. 657 F 2) *et orgumentum* (BCEFH), *suorumque* (Rec. 680 C 3) *et suorum* (EFHJ), *tam dolose* (Rec. 682 C 1) *dolose* (BEF), *moras* (Rec. 701 C 2) *moram* (BEF), *noverant* (Rec. 703 D 2) *noverat* (BEFH), *igitur* (Rec. 711 F 4) *igitur* fehlt (EFH).

tiochya, Ammirabilis, Arnolfus, Asca, Ascalon und zumeist Aschalon
und Aschalonite, Balduc, Cesarea, Corrozan und Coruzana, Cuno,
Darsyanus, Gerhardus und einmal Gehardus (422 E 1), Hainaicorum,
Heinricus, Hemersbach, Hierusalem und zumeist Jherosolima und
Jherosolimitani, Japhet und Jafeth, Lodevvicus, Mahumeth, Phylippus,
Ramma, Reimnundus, Reimardus, Robertus und Rubertus, Rodolfus,
Romanya, Rutgerus, Rutholfus, Sumyrra, Symeon, Syna, Tyrbaisel,
Tyrus, Tul, VValtherus, Willehelmus und Wilhelmus.

Endlich kommen wir nun zum Darmstädter Codex (Grossherzoglich hessische Hofbibliothek 102 Historia Hierosolimitana, fälschlich bisher bezeichnet mit Bibliotheca palatina 41). Der Codex bildet einen stattlichen Folianten von 195 Pergamentblättern. Das letzte Blatt ist nur noch zur Hälfte vorhanden und umfasst den Schluss von lib. XII cap. XXXII nebst dem grössten Teil von cap. XXXIII (Rec. 712 C 5 *custodiant* bis 713 A 4 *domnus patri* —). Zwischen den Blättern 26 und 27 ist eine Textmasse verloren, die etwa zwei Blätter gefüllt haben wird (Rec. 321 B 2 *direxit; rictus* bis 325 D 4 *arripiens ac retinens*). Im übrigen enthält der Codex die Chronik Albert's von Aachen, und nur diese ganz und gar.

In paläographischer Beziehung zerfällt der Codex in drei deutlich getrennte Teile. Die Hauptmasse ist das älteste Stück, welches mit ungelenken grossen Buchstaben und sehr grosser Raumverschwendung, besonders hinsichtlich der Zwischenräume der Zeilen, geschrieben ist. Die Entstehung desselben dürfte vor 1150, um 1140 oder 1130, also der Abfassungszeit der Chronik Albert's sehr nahe anzusetzen sein. Bunt verteilt innerhalb dieser Hauptmasse heben sich einige

Seiten, oder auch nur Kolumnen hervor, deren Text, soweit sich erkennen lässt, auf Rasuren, also auf älteren, aus irgend einer Ursache getilgten Schriftzügen steht. Diese Stücke sind augenscheinlich von ein und derselben Hand geschrieben mit etwas gedrängter stehenden Buchstaben und Zeilen, in runderen, gleichmässigeren und sichereren Zügen. Ihre Einfügung wird zwischen 1150 und — spätestens — 1200 vorgenommen worden sein [1]). Endlich ist der alte Codex am Anfang, wie schon berührt, arg verstümmelt und der fehlende Teil, sämtliche Indices und das erste Buch bis zum Ende des 22. Kapitels (Rec. 289 E 3) umfassend, von einer jüngeren Hand, die enger und zierlicher, gleichsam gebildeter schrieb, am Anfang oder im weiteren Verlauf des 13. Jahrhunderts ergänzt worden. Auf dem Revers des 1. Blattes des ganzen Codex steht: *Liber monasterii sancti Jacobi Leodiensis*, und auf dem zwölften Blatt beginnt der Text der Chronik mit den Worten: *Incipit hystoria Jherosolimitane expeditionis edita ab Adalberto Canonico et custode Aquensi. ecclesie.* Mit im wesentlichen gleichen Worten beginnt ein später, im Jahr 1390 entstandener Codex Albert's, der heut im britischen Museum zu London aufbewahrt wird und aus dem, allem Anschein nach, zwei Gelehrte des 17. Jahrhunderts, Hoeschel und Gretser, den Namen Albert's als den des

---

1) Die zwischen 1150 und 1200 entstandenen Stücke stehen auf fol. 39 avers: — *haut quae audierant* bis *Arabitas* (Rec. 360 A 3 bis 361 E 5), fol. 62 avers: *urbis et moenium* bis *in defensione* (Rec. 413 A 5 bis 413 G 1), fol. 85 avers, 2. Kolumne: — *tia luce* bis *ralentium* (Rec. 459 D 5 bis 460 A 5), fol. 107 revers, 2. Kol.: *in omnibus* bis *dilectionis dato ra* — (Rec. 499 A 4 bis 499 E 2), fol. 191 avers, 1. und Anfang der 2. Kol.: *caeteras civitates* bis *parentibus ortus* (Rec. 709 G 3 bis 710 E 3).

Autors der „Historia Hierosolimitana" erkannt, dem Herausgeber Bongars übermittelt und durch diesen der Nachwelt bekannt gemacht haben [1]). Wir aber besitzen jetzt die älteste Erwähnung des Namens Albert von Aachen in der Darmstädter Handschrift, die überdies vielleicht in einem unmittelbaren oder mittelbaren Mutterverhältnis zum Codex des britischen Museums steht.

Die Darmstädter Handschrift zeichnet sich mithin durch sehr hohes Alter aus [2]). Sie ist möglicher Weise die älteste und jedenfalls eine der ältesten aller bekannten Handschriften Albert's. Eben so bedeutend erscheint sie nach ihrem Inhalt. Ihr **jüngstes Stück**, der im 13. Jahrhundert erneuerte Anfang, enthält zwar recht viele Schreibfehler und schlechte Lesarten, die ältere Hauptmasse aber ist an solchen Fehlern und Lesarten, an Rasuren und Correcturen, Auslassungen und Nachträgen im Verhältnis zum grossen Umfang der Chronik nicht reich. Im Gegenteil! Für die ausgefallenen Wörter findet sich trefflicher Ersatz in guten, offenbar dem Urtext angehörigen Zusätzen; an Stelle allgemein gehaltener Ausdrücke sind nicht selten charaktervolle, auf den Urtext Albert's, bezüglich der lothringischen

---

1) Ganz klar sind übrigens, wie auch schon die Herausgeber des Recueil bemerkt haben, die Beziehungen Hoeschel's und Gretser's zum Londoner Codex durchaus nicht. Gretser beruft sich sogar auf eine von ihm in Loewen eingesehene, von einem Jesuiten verfertigte Copie Albert's, vielleicht also auf eine späte Copie der Londoner Handschrift. Vergl. Recueil préface pag. XX ff. und pag. 267.

2) Nachträglich mag noch bemerkt werden, dass die Tinte der ältesten Hauptmasse des Codex bald blass und zerfliessend erscheint, bald dunkel und fester auf den Strichen haftend. Ganz blasse Stellen — Buchstaben, Wörter, Zeilen und Sätze — sind oftmals dunkel nachgezogen. Ein Schluss auf frühere oder spätere Anfertigung einzelner Teile dieser Hauptmasse lässt sich aber hieran nicht knüpfen.

Chronik deutende Bezeichnungen gewählt; geringe Veränderungen der Sätze, der Wörter, einiger Buchstaben, ja selbst eines einzigen Buchstaben bringen mehrfach erwünschte Klarheit in bisher schwer verständliche und viel bestrittene Schilderungen. Aus der blossen Aufzählung der Varianten können dies nur wenige Eingeweihte und auch diese nur mit einiger Mühe erkennen. Es möge deshalb gestattet sein, die Vorzüge unseres Codex an etlichen Beispielen, bunt durcheinander, wie sie der Fortgang der Erzählung ergiebt, kurz zu erläutern.

Recueil 348 B 3 spricht von Balduin's *ferocitas* bei den cilicischen Händeln. E setzt dafür *feritas*.

Rec. 349 C 4. Tankred erobert Mamistra, zersprengt die feindliche Besatzung. *Tali modo ejectis hostibus* etc. E setzt: *Attritis et ejectis hostibus*.

Rec. 350 D 1. Tankred und Balduin versöhnen sich, *quia ambo deliquissent*. E setzt: *quia ambo coram Domino deliquissent*.

Rec. 351 D nennt die Besitzungen des armenischen Fürsten Nicusus *castra et praesidia spaciosa*. E besser: *castra et praedia spaciosa*.

Rec. 352 E 5. Balduin wird ehrenvoll in Edessa aufgenommen *et hospitio . . . constituto*. E besser: *et hospitio decenter . . . constituto*.

Rec. 360 A 5. Eine Nachricht kommt *ad principes*. E: *ad aures principum*.

Rec. 361 F 1. *Unde carendum . . . est ultra* etc. E: *Unde carendum . . . est non ultra* etc. Der Wortlaut von E umschliesst eine Doppelverneinung. Solche verstärkten Wendungen entsprechen dem stilistischen Charakter dieses Codex.

Rec. 384 B 4: *populus a porta repedans*. E setzt richtiger: *populus a portu repedans*, denn die Worte beziehen sich auf eine Christenschaar, die nicht etwa von einem Thor Antiochiens, sondern von der Meeresküste, von Simeonshafen zurückkehrte.

Rec. 389 A 2: *nuncius ex Turcis ad turrim . . . Darsiani . . . transvolat*. E: *nuncius ex Turcis festinus ad turrim . . . Darsiani . . . transvolat*.

Rec. 391 C 5: *minime*. E: *nam minime*. — 391 D 1: *virtutem*. E: *et virtutem*. — 391 E 3: *Rex vero*. E: *Rex vero de Corrozana*. Die Zusätze von E ergeben eine bessere Verbindung der Satzglieder und grössere Deutlichkeit des Zusammenhangs.

Rec. 393 F 3: *inquit*. In E fehlt das völlig überflüssige *inquit*.

Rec. 394 C 1: *vincti et captivati*. E: *victi et captivati*. Kerbogha lässt Ketten schmieden, um die besiegten und gefangenen Pilger zu fesseln.

Rec. 402 D 3: der armenische Verräther, den Boemund gewonnen hatte, befestigt die christliche Strickleiter an der Mauerzinne Antiochiens *fortiter*. E besser: *firmiter*.

Rec. 409 B 5: *dux Godefridus turrim et portam hanc infra tuebatur quam Boemundus ante urbis captionem extra possederat*. Dies ist eigentlich nur unverständlicher Unsinn, 'der bei der Entwirrung der verwickelten antiochenischen Kämpfe Unheil genug angerichtet hat. E. klärt die Sachlage mit einem Schlage auf, indem er als letztes Wort des obigen Satzes *obsederat* schreibt. Es handelt sich dann nicht um das sogenannte Boemundskastell ausserhalb Antiochiens, welches Boemund besessen, sondern um das Paulsthor im antiochenischen Mauerring, welches er belagert hatte. — Hierbei ist an den eigenthümlichen Gebrauch des Wortes obsidere bei unserm Autor zu erinnern. Albert oder vielmehr der lothringische Chronist versteht darunter nicht blos belagern, sondern auch beobachten, in grösserer oder geringerer Entfernung vor einer feindlichen Verschanzung Stellung nehmen, um zu beobachten, was der Gegner von dieser aus etwa unternimmt. Ein charakteristisches Beispiel dieses Wortgebrauchs, der nicht allen Zeitgenossen verständlich gewesen zu sein scheint, wird uns unten begegnen.

Rec. 400 F 4: *vallo immenso, quod dicitur fossatum, . . . interposito et praesidio quodam mirabili aedificio desuper firmato.* In bitterster Not heben die Pilger gegen die in Antiochien eindringenden Feinde einen Graben aus und errichten dahinter eine Brustwehr. Dieses aedificium nennt E. nicht *mirabile*, was etwa der phantastischen Mythographie des Kreuzzugs entspricht, sondern nüchtern und treffend *murale*.

Rec. 411 A 3: *in assultum moenium desudantes.* E besser: *in assultu.*

Rec. 412 D 5: *tam ea quae.* E besser: *tam ea quam.*

Rec. 432 XLII. *Quomodo civitatem Ramam invenerint.* E besser: *Quomodo civitatem Ramam vacuam invenerint.*

Rec. 439 D 1: *ad nullam causam ad vos pertinentem ultra pes noster movebitur.* E: *non ultra.* Abermals Doppelverneinung.

Rec. 443 D 3: *quoniam sic . . . ultionem sumpsit.* E besser: *quoniam sic Balduinus . . . ultionem sumpsit.*

Rec. 451 D 5: (*Tortosa expugnata et*) *in manu comitis Reimundi ejusque custodiae constituta.* E: *in manu comitis Reimundi et ejus custodia constituta.*

Rec. 457 E 1. *Qua relicta . . . pernoctaverunt.* E ursprünglicher: *Qui relicta ea Gibilot . . . pernoctaverunt.*

Rec. 458 A 5: *in offensione.* E: *in offensione pedis.* Es ist die Rede von einem Felsenweg hoch über dem Meeresufer, wo ein Straucheln zum Sturz in's Meer führe. *In offensione* ohne *pedis* ist kaum verständlich.

Rec. 460 C 1: *principe sacerdotum.* E besser: *principe sacerdotum Judaeorum.*

Rec. 461 C 2: *proficisci statuerunt.* E besser: *proficisci et illic hospitari statuerunt.*

Rec. 462 E 2: *pusilli* E: *parvi.* In der häufig vorkommenden Formel „parvi et magni" findet sich sonst immer parvi; pusillus braucht der lothringische Chronist ausserdem nur in anderer Verbindung; daher ist auch hier, wo jene Formel angewendet wird, parvi die bessere Lesart.

Rec. 467 B 4: *murosque exteriores.* E besser: *murosque exteriores urbis.*

Rec. 468 E 5: *peregrini.* E besser: *peregrini confratres.*

Rec. 474 D 4: *nimio ejus pondere.* E besser: *nimio corporis pondere.*

Rec. 476 G 3: *superinjectum.* E besser: *super robur injectum.*

Rec. 490 B 4: *quarum signum fratres dum caperent.* E vollständiger: *quarum signum et sonum fratres cum caperent.*

Rec. 490 C 3: *audita fama gentilium.* E besser: *audita fama exercitus gentilium.*

Rec. 491 F 5: *quo magis praedae . . . studerent.* E ursprünglicher: *peregrini magis praedae . . . studerent.*

Rec. 493 C 5: *concupiscentia.* E vollständiger: *concupiscentia aut raptio.*

Rec. 494 B 3: (*Godefridus*) *portus Ascalonis obsedit.* E: *portam Ascalonis obsedit.* Die Pilger greifen Askalon von Norden an. Gottfried nimmt eine Reservestellung im Nordosten der Stadt ein, nicht um die Thore Askalon's zu „belagern", sondern um zunächst zu „beobachten", ob aus irgend welchen Thoren, selbstverständlich nur im Osten der Stadt, ein Ausfall zur Umzingelung der Christen versucht wird. Die Stelle hat grosse Schwierigkeiten gemacht und meine eben gegebene Erklärung (vergl. meinen „Albert von Aachen", S. 233) ist wohl schwerlich überall mit geneigtem Auge gelesen worden. Nachdem nun aber der immerhin befremdende Plural (portas) beseitigt und der Singular (portam, ein Thor, ein oder das Ostthor) dafür eingesetzt ist, dürfte der letzte Zweifel an meiner Auslegung verschwinden.

Rec. 499 F 2: *gentes urbesque eorum* E: *gentes et urbes earum.*

Rec. 501 D 2: *in victoriam Dei redeuntium.* E besser: *in victoria redeuntium.*

Rec. 522 F 4: *compositam turrim.* E besser: *oppositam turrim.*

Rec. 581 B 2: *a longe fatigati.* E besser: *a longo fatigati.*

Rec. 623 F 3: *contradicere potuit.* E besser: *contradicere portum potuit.*

Rec. 654 A 5: *blasphemiam irrogare.* E besser: *blasphemiam inferre.*

Rec. 657 A 2: *Gervasium in medio inimicorum . . . perduxerunt.* E besser: *Gervasium in medium inimicorum . . . perduxerunt.* Die Türken verlockten den Gervasius durch verstellte Flucht, ihnen bis in die Mitte der Feinde zu folgen.

Rec. 668 A 3: *Balderino quae injuste obtinuerat a Tancredo benigne remissis.* E besser: *Balderino quae juste obtinuerat a Tancredo benigne remissis.* Die Worte beziehen sich auf die Händel der christlichen Fürsten Nordsyriens im Jahr 1109. Der Satz kann nur heissen, dass Tankred dem Balduin Gebiete, welche dieser vormals rechtmässig besessen hatte, in friedlicher Gesinnung wieder zurückgab. *Injuste* stellt den Zusammenhang geradezu auf den Kopf, während *juste* die letzten Zweifel an der zwar viel umstrittenen, jedoch guten Überlieferung Albert's aufheben dürfte [1]).

Rec. 670 E 1: *machina . . . fierent.* E besser: *machine . . . fierent.*

Rec. 673 G 1: *moliri insidias.* E: *moliri calumnias.*

Rec. 686 D 4: *(Boemundus) cita discessit.* E: *cita decessit.*

Rec. 694 B 2: *ad debellandos et expugnandos Christianos.* E besser: *ad debellandos et expellendos christianos.*

Rec. 694 C 5: *in parata armorum.* E besser: *in apparatu armorum.*

---

1) Vergl. meinen „Albert von Aachen" S. 363 ff.

Rec. 697 C 4: (*Ascalonitae*) *viris christianis semper infesti.* E besser: *viri christianis semper infesti.*

Rec. 702 F 3: *hinc et hinc.* E besser: *hinc et abhinc.*

Rec. 704 B 1: (*aurum et argentum*) *largitus est* E: *partitus est.*

Rec. 704 E 1: *quod legitimas nuptias adulterinis et illicitis foedarit connubiis.* E: *quod legitimas nuptias adulterinis et illicitis foedarit.*

Eine grosse Zahl dieser Varianten, denen leicht noch eine fast eben so lange Reihe hätte hinzugefügt werden können, weist, wie schon berührt, auf nahe Verwandtschaft mit dem Urtext Albert's, bezüglich der lothringischen Chronik hin. Den gleichen Fingerzeig erteilt die biturische Sprache, die sich in wunderliche Einzelheiten verliert. Statt cohors findet sich die Form choors [1]), portus wird als Femininum gebraucht [2]), von den Casus, die ziemlich arg durch einander taumeln [3]), wird der Ablativ ganz besonders bevorzugt [4]).

1) Kein Schreibfehler! choors findet sich au mehreren Stellen, oberdies auch im Codex H. Vergl. Rec. 425 C 5, 446 D 5 (auch H), 495 C 2.

2) Rec. 414 C 4, 664 E 2, 665 A 5 (auch H), 677 A 4.

3) Eigentümlich sind die Wendungen: tui dono und tui munere für tuo dono und tuo munere. Rec. 391 A 1, B 3. — Eine wunderliche Verunstaltung findet sich auch in den Worten: habuudantia aquarum rivi in origine sui. Rec. 459 F 2.

4) Vom Rec. abweichend hat E vornehmlich folgende Ablative. Rec. 278 A 2: in ultione suorum ad vos descensurus est. 300 F 2: pecore regionis nostra. 371 C 1: nichilque in ea humanitatis exhibentes. 376 C 5: dolentes nece. 399 E 1 in manu mea reddatur (diesem Ablativ schliesst sich übrigens an Rec. 399 G 2 und 498 C 1). 407 A 1: in aspectu omnium . . . attulerunt. 411 A 3: in assultu moenium desudantes. 412 A 4: in crastino praesidium . . . deleri posse astruentes. 439 C 2: auxilio vestro immunes. 442 F 2: carceris custodia mancipari. 446 A 5: in ultione captivorum confratrum. 461 E 3: Solis vero eclipsi noxium . . . esse portentum

Hinsichtlich der Verwandtschaft unserer Handschrift mit den übrigen Codices macht sich vor allem geltend, dass sie die grösste Ähnlichkeit mit B besitzt. Daraus darf aber nicht gefolgert werden, dass sie eine unmittelbare oder auch nur eine mittelbare Copie von B sei. Denn B ist vermutlich etwas jüngeren Datums, enthält eine Anzahl von Varianten, die dem Codex E fehlen, und lässt vor allem nicht wenige Wörter und Satzteile aus, die in E vollständig erhalten sind. Die Handschrift E dürfte also vielmehr in irgend einem Mutterverhältnis zu B stehen. Nächst B zeigt sie überdies ziemlich nahe Verwandtschaft mit H und dann, in allmählicher Degression, mit A, C und mit D [1]).

Die Gruppierung der Codices möchte sich hiernach folgendermassen gestalten. A, C und E stehen dem Alter und der Güte nach weit voran. C stammt aus dem Jahre 1158, E scheint älter zu sein, A ist vielleicht etwas jünger, vielleicht etwas älter: der Recueil giebt darüber keine genügende Auskunft. E, der älteste oder zweitälteste Codex, gestattet, Dank vielen ihm eigentümlichen, hervorragend guten Lesarten, nicht mehr, als Hauptbasis des Textes nur A in's Auge zu fassen [2]). E verlangt, mindestens in gleicher Weise berücksichtigt zu werden und mit ihm drängt die ganze Menge der von E vornehmlich abhängigen Handschriften, d. h. ausser dem Codex C, der sich

---

affirmabant. 497 C 1: in templo Dominici sepulchri transmissa. 649 C 2: Baldewinus in civitate Rohas . . . regressus est. 693 E 3: in custodia mancipati sunt 697 F 1: in honore tam nobilissimae . . . matronae.

1) Vergl. die Varianten im Recueil und in meinem vorjährigen Programm.
2) Vergl. Recueil préface pag. XVIII: Notre texte reproduit, pour l'orthographe à part un très petit nombre de modifications toujours indiquées, le ms d'Oxford (A).

schon selber geltend genug macht, B, H, D, J und die unbekannte Grundlage der Ausgabe F mehr in den Vordergrund. Die Herkunft der von den bisherigen Forschern benutzten und damit der wichtigsten Handschriften deutet auf Deutschland rechts und links vom Rhein, auf Belgien und Nordfrankreich als auf das vornehmste Verbreitungsgebiet der Albert'schen Chronik hin. Albert ist auch hiernach ein Geistlicher aus Aachen und nicht aus Aix in der Provence gewesen, wie man wohl früher, namentlich in Frankreich, gemeint hat. A, jetzt in Oxford, stammt aus Erbach in der Mainzer Diöcese. B, jetzt in Paris, ist vielleicht in Noyon geschrieben. C, jetzt in Rom, stammt aus Utrecht. D, jetzt in Rom, ist — nach Ansicht der Herausgeber des Recueil, als Grundlage von F — im Besitz des kurbrandenburgischen Kanzlers Diestelmeyer gewesen, ist dagegen — nach meiner Ansicht — von nicht näher bekannter Herkunft. E, jetzt in Darmstadt, stammt aus Lüttich. F, bezüglich die Grundlage von F, ist im Besitz jenes kurbrandenburgischen Kanzlers gewesen. H, jetzt im Besitz des Freiherrn von dem Bussche-Hünnefeld, stammt aus München-Gladbach. J stammt aus Hannover. Das kleine, nur die Peterlegende enthaltende Codexfragment (s. oben S. 7) stammt aus Tournay, das Manuscript des britischen Museums aus der Lütticher Diöcese. Neben den Handschriften von Nürnberg und Trier sind dann nur noch die letzten beiden römischen Codices und eine sehr späte florentinische Copie zu nennen [1]).

Das Werk Albert's von Aachen, bezüglich des lothringischen

---

1) Vergl. Rec. préface pag. XXVIII.

Chronisten ist also auf gutem deutschen Boden entstanden und besonders in den linksrheinischen Gebieten des alten deutschen Kaiserreichs verbreitet worden. Es behandelt vornehmlich die Heldenthaten Herzog Gottfried's, seiner Verwandten, der linksrheinischen und, soweit sie am Kreuzzuge teilnahm, auch der rechtsrheinischen deutschen Ritterschaft. Es bildet eins der glänzendsten Zeugnisse deutschen Unternehmungsgeistes und deutscher Kriegstüchtigkeit und es gebührt ihm ein hoher Ehrenplatz in der langen Reihe deutscher Chroniken. Dem gegenüber berührt befremdlich, dass wir die einzige, halbwegs kritische Ausgabe Albert's französischem Fleisse verdanken. Allerdings rühmen die Franzosen von jeher in allen Tonarten ihren *Godefroy de Bouillon*, und wir Deutschen sind durch den ausschliesslich wälschen Charakter, den die Kreuzzüge schliesslich annahmen, so bescheiden gemacht worden, dass selbst Leopold Ranke, soweit ich mich erinnere, den Herzog Gottfried mehr für einen französischen als für einen deutschen Mann erklärte [1]). Zur Hälfte stammte ja Gottfried aus französischem Blut und ganz und gar gehörte er zum zwiesprachigen Volke der Grenzer. Zur anderen Hälfte aber war er von deutscher Abstammung; in früher Jugend besass er deutsches Erbgut, erhielt dann deutsche Reichslehen und Reichswürden, wurde ein tapferer kaiserlicher Kriegsmann und schliesslich einer der ersten Fürsten des Reichs (Dux regni Lotharingiae). Will man dies ausser Acht lassen, so rede man überhaupt nicht mehr vom Herzog

---

1) Ranke's Darstellung in seiner Weltgeschichte VIII 87 f. bewegt sich, wenn auch nicht genau mit den gleichen Worten, so doch im übrigen in der oben angedeuteten Richtung.

Gottfried von Lothringen, sondern schenke den Franzosen den ganzen Godefroy de Bouillon. Möchte man nicht so weit gehen, so raffe man sich endlich zu dem kühnen Entschluss auf, den Herzog und die Seinen wirklich als Angehörige Deutschlands anzusehen, ihre Thaten als erhabene Zeugnisse deutschen Mutes, ihre Geschichte als ein edles Stück der gesamten deutschen Geschichte [1]). Dann aber sorge man auch für die notwendige Aufhellung dieser Geschichte, d. h. vor allem für eine kritisch vollendete Ausgabe der Chronik Albert's, die eben so gut wie die meisten Chroniken unserer mittelalterlichen Geschichte ihren Platz in den Monumenta Germaniae historica verdient.

Von Äusserlichkeiten unseres Codex ist noch Folgendes zu bemerken. Der Anfang des Bandes enthält unmittelbar hinter einander die Indices capitum aller zwölf Bücher. In Folge davon fehlt vor den einzelnen Büchern je der betreffende Index capitum, und ebenso fehlen im Verlauf der Erzählung die Kapitelüberschriften, die ja mit den Indices capitum übereinstimmen. Blatt 1 avers. giebt zunächst den nicht vollständig ausgeführten Anfang der Indices capitum; Blatt 1 revers. enthält die Wiederholung dieses Anfangs. Jedes Buch beginnt mit einem rot gemalten, zumeist jedoch kleinen und dürftigen Initial. Vor dem Anfang des zweiten Buches befindet sich statt des radierten und durchstrichenen *Explicit liber primus* von jüngerer Hand als Überschrift des zweiten Buches *Bellum Godefridi contra infideles*.

---

[1]) Vergl. meinen „Gottfried von Bouillon" im Historischen Taschenbuch, 6. Folge, 6. Jahrgang, S. 3 ff.

Kapitelanfänge sind mit einer Ausnahme lediglich durch Kapitelnummern und überdies nur bezeichnet in den zwei ersten Büchern und im Anfang des dritten Buches. Im übrigen Werk läuft der Text durch die ganzen Bücher ununterbrochen fort. In den nachstehend erwähnten Punkten gleichen die Kapitelanfänge des Codex denen des Recueil nicht.

Liber I. Cap. I hat keine Nummer. II hat keine Nummer, aber ein rot gemaltes Initial (S). III—V haben keine Nummer. Cap. XI beginnt schon mit: Petrus vero (Rec. 279 F 5). Cap. XII beginnt mit denselben Worten: Petrus vero (Rec. 281 C 4). Cap. XIII beginnt mit: Imperator (282 B 4). Cap. XIV beginnt mit: Deinde post tertiam lucem (282 F 5). Cap. XV beginnt mit: Post haec Petrus (283 E 2). Cap. XVI beginnt mit: Videntes autem (284 E 3). Cap. XVIII beginnt mit: Hoc igitur infortunio (286 A 4). Cap. XIX beginnt mit: Hoc denique (286 D 2). Cap. XX beginnt mit: Solimannus vero (287 G 2). Cap. XXI beginnt mit: Turci autem (288 B 5). Cap. XXII beginnt mit: Turci itaque (288 E 2). Cap. XXIII beginnt mit: Petrus, agnito periculo (289 C 3). Mit dem Texte dieses Kapitels, der der zweiten Hälfte von cap. XXII des Recueil gleicht, endet der jüngere Teil der Handschrift. Der dann folgende ältere Teil setzt noch einmal und zwar gleich dem Recueil cap. XXIII vor die Worte: Non multo temporis intervallo. Dann beginnt cap. XXIV mit: Haec strages Judaeorum (292 A 5). Cap. XXVI beginnt mit: Clausa itaque janua (293 D 4). Cap. XXVII beginnt mit: Sed dum fere omnia (295 E 5).

Liber II. Cap. I hat keine Nummer. Cap. IV beginnt mit:

Dux itaque (301 F 1). Cap. VIII beginnt mit: Ubi nuncia illi (304 E 4). Cap. IX beginnt mit: Et ecce in occursum (305 E 1). Cap. XI beginnt mit: Sed nec vis (307 D 1). Cap. XII beginnt mit: Baldewinus igitur (308 B 1). Cap. XV beginnt mit: Et assumptis egregiis (310 C 3). Cap. XVI beginnt mit: His pacificis (311 A 3). Cap. XVII beginnt mit: Post haec quadragesimali (311 F 3). Cap. XVIII beginnt mit: Deinde diversis colloquiis (312 E 2). Cap. XXI beginnt mit: Dux vero et qui (314 C 2). Cap. XXVIII beginnt mit: Imperator tot visis (321 A 3). Cap. XXIX—XXXIV fehlen und haben offenbar auf den zwei, wie oben bemerkt, fehlenden Blättern gestanden. Cap. XXXVI beginnt mit: In hac itaque turris (327 D 2). Cap. XXXVII beginnt mit: Qui statim hanc (328 B 3). Cap. XLIII beginnt mit: Hoc tam crudeli (332 F 4).

Liber III. Cap. I hat keine Nummer. Die Anfänge von cap. II und III gleichen denen des Recueil. Alle weiteren Kapitelnummern fehlen.

An orthographischen Eigentümlichkeiten ist hervorzuheben der durchgehende Gebrauch von e für ae und oe. Ausnahmen bilden Ascalonae, jedoch aus Ascalona korrigiert (Rec. 516 D 4), foedus in verschiedenen Formen, foetum (448 D 4), poenitentibus (704 B 3) und poenitentiae (704 F 3).

Willkürlich ist der Gebrauch von c und t, i und y, aequ und adqu, adm und amm, exhi und exi, exsi und exi, exst und (meist) ext, mn und mpn, inp und imp, obp, op und opp (meist jedoch oportune).

Für ascitis steht fast immer accitis, für cotidie und cotidianus cottidie und cottidianus, für extemplo extimplo, für hebdomas ebdomas, für hi hii, für quod im ersten Teil der Handschrift quot, sogar quotdam für quoddam (278 E 3), für solempne sollempne. Neben einander kommen vor crisma und chrisma, lacescere und lacessere, litera und littera, litore und littore, mihi und michi, nihil und nichil, Pasca und Pascha, refocilare und refocillare, reperire und repperire, adversus und adversum, rursus und (zumeist) rursum.

Sehr schwankend ist der Gebrauch der Eigennamen. Am häufigsten kommen vor: Admiraldus und Aumiraldus; Asca und Ascha; Ascalon und Aschalon; Arnolfus, Arnolphus und Arnulphus; Babilonii und Babylonii; Baldne und Balduch; Balduinus, Baldvinus und Baldevvinus, in den Indices überdies Baldwinus, Baldewinus, Baldnuinus und Balduwinus; Bernardus und einigemal Bernhardus; Bisanziorum und Bysantiorum; Boiemundus neben einigen Beemundus und je einem Boimundus und Boemundus (406 LX und 543 G 2); Brodoan und Brodolan; Burg, Burch und einigemal Bure; Caiphas und Cayphas; Cesarea und Cesaria; Constantinopolis und Constantinopolys; Corbahan und Corbohan; Corrozan, Corrozana, Corruzam, Corizan und Corozana; Cono, Cnono und Cuno; Conradus, Cnonradus und Cünradus; Danimannus, seltener Donimannus, je einmal Donimando und Donivando (613 B 1, 555 XIII); Dyrachium und Dirachia (als fem. behandelt (628 XL und XLI); Gegermich, seltener Geigremich, auch Gegrimich, Gegrimic und Gegernic (616 E 4, 617 D 3, 649 B 1); Gerardus, Gerbardus und Gerbartus; Gibilot, Gibiloth, Gybelot und Gibeloth; Hasart und Hasarth; Jafeth, seltener Jafet, je einmal Jafert und Jafer (687 VIII und IX); Jherosolima und Jberusalem; Kalamannus und Kalomannus; Lodwicus, Ludwicus und Luodwicus; Mahumet und Mahumeth; Normannorum und Nortmannorum; Pascalis und Paschalis, auch Pascasius (585 A 2); Phincpopolys, Phincpolis und Phynipopolis; Reimundus und je einmal Reimnundus, Reiemundus und Remundus (588 XXXII, 385 G 3, 588 XXVI); Rous, seltener Rolus, einmal Rhons (588 XXXVIII); Rodolphus, Rodolfus und Rodulfus; Senzavoir, einmal Senzavehor (274 C 5); Sidon und zumeist Sydon; Tancradus und Tancredus; Tirus und Tyrus; Tol, Toul, Tuol und Tul; Tollenburch, Tollenburg und Tullenburch; Turbaisel und Turbaysel; Ungariorum und Ungaroruin; Welpho und seltener Welfo; Willielmus und seltener Willelmus; Winemarus und Winemerus.

Zu beachten ist auch der Gebrauch von Dagebertus, Einecho, Engelbertus, Engelrandus, Everardus, Evermarus, Folkerus, Halapin, Heinricus, Langobardi, Malavilla, Niz, Robertus, Rotgerus, Rothardus, Rotholdus, Roselon, Sycilia, Symeon, Turcopuli, Warnerus. Bemerkenswert ist ebenso die Neigung des Schreibers, den auf t endigenden Namen, teils immer, teils wenigstens sehr oft ein h anzuhängen. So, wie schon erwähnt, bei Gibiloth, Hasarth, Jafeth, Mahumeth, so auch bei Civitoth, Josaphath, Karageth, Pulagith und so weiter.

Die Varianten unseres Codex fühle ich mich, nachdem ich ihn einmal genau durchgesehen habe, mitzuteilen natürlich verpflichtet; doch werde ich aus demselben Grunde, den ich schon oben beim hannöverschen Codex erwähnt habe, nicht alle Wortumstellungen, Schreibfehler, Nachträge, Correcturen und Rasuren einzeln aufführen, vielmehr mich auch beim Codex E auf diejenigen Lesarten beschränken, die für die Feststellung des Urtextes irgend welche Bedeutung haben oder haben können. Dem entsprechend werde ich ebenfalls nur noch wenige orthographische Eigenheiten, zumal nur solche, denen sich vielleicht Beweise für die Beziehungen der Handschriften untereinander entnehmen lassen, besonders hervorheben.

Das Variantenverzeichnis hat grossenteils wiederum Dr. Heinrich Günter angefertigt. Es folgt nun zunächst das kurze Verzeichnis für den hannöverschen Codex (J), sodann das umfangreichere Verzeichnis für den Darmstädter Codex (E).

Variantenverzeichnis des hannöverschen Codex (J).

Seite	Zeile	Text des Recueil.	Text des Codex J.	Seite	Zeile	Text des Recueil.	Text des Codex J.
390	D 2	aetate major	etate prior	400	E 2	cum illis	et cum illis
	D –	et facundia	ac facundia		E 5	erat illi	erat ei
	E 1	snevissimo	sevissimis		F 1	montana	montanis
	E –	crines bis evel-			F 3	subsistens	consistens
		lunt	fehlt.	401	A 1	cap. XVII.	XVI.
	E 4	amicus	amice		A 5	ipsa nocte	in ipsa nocte
	F 4	literarum	litterarum		B 3	signo Boemundi	signis certissimis
	F 5	urbem	fehlt.			certissimo re-	Boemundi recog-
391	A 1	ex tuo dono	ex tui dono			cognito	nitis
	D 1	inferri	inferre		B –	annulum	anulum
	D –	bacteuus	actenus		C 5	appropiantis	appropinquantis
	E 3	aderant	erant		D 1	moenia muros-	menia urbis mu-
	E 4	demisso	dimisso			que	ros
	F 1	in universas	in fehlt.		D 4	cap. XVIII.	XVII.
	F 4	Anfang von	Fortsetzung von		E 3	nimia dubietate	nimia fehlt.
		cap. V.	cap. V.		E 5	Godefridus vero	Godefridus vero
392	B 3	et Sansadoniae	et fehlt.				dux
	B –	Buldagis	Buldegis	402	A 2	Nec mori	nec mora
	D 1	poterunt	poterint		A 3	quaecunque	quecumque
	D 2	Anfang von cap.	Anfang von cap.		A 4	fidelissimi	dilectissimi
		VI.	V.		B 2	lux matutinae	lux matutina
	D 3	responsa dedit	respondit		B 3	saltem	saltim
	D	et amicus	et amice		B 4	vitam vestram	viam vestram
	D 5	in tuo auxilio	in fehlt.		C 1	cap. XIX.	XVIII.

Seite	Zeile	Text des Recueil.	Text des Codex J.	Seite	Zeile	Text des Recueil.	Text des Codex J.
424	A 1	laesione	grandine	423	A 3	unanimiter	omnes unanimiter
	C 4	societate	multitudine				
	D 2	subito attererent	sibi attercrent		A 4	qua porrigitur	que porrigitur
	E 2	in latitudine	in altitudine		A 5	acies	legiones
	E 5	cap. L.	XLVIIII.		B 1	buccina	bucina; *desyl. später.*
	F 3	Karaieth	Kariech				
	F 4	Karan	Caran		C 5	infra urbem	in urbe
425	A 1	similiter	simul		D 1	quo et ipsi	quod et ipsi
	A 3	dispergere	disperdere		D 4	perstreprere	perstrepere
	A 4	tantorum	Turcorum		E 1	in montis	in moutanis
	A 5	a lupis	in lupis		E 5	ac cuneantur	et cuneantur
	B 2	cuneis	turmis		F 3	cap. XLIX.	XLVIII.
	C 1	celeriter	cito		G 2	et ipsi sagitta	*fehlt; doch ist der entsprechende Raum frei gelassen.*
	C 3	cap. LI.	L.				
	C 4	intuetur	jam intuetur				
	D 2	Bawariis	Bavvariis				
	D —	Lotharingiis	Lotharingis				
	F 1	propinquare	appropinquare		Cap.		
				431	XVII	suscipit	suscepit
422	C 5	Monzuns	Monzous		XVIII	Amacha	Malacha
	D 1	uni aciei	unius aciei		XIX	muniunt	munivit
	D —	dux vero	vero *fehlt.*		XXIII	Multitudo Theutonicorum	Multitudo X Teuthonicorum
	D 2	Bawariis	Davvariis				
	D —	Lotharingiis	Lotharingis		XXV	et variis	et de variis
	E 1	Burg	Burch	432	XXVIII	murmurio	numero
	E —	Pelez	Pelciz		XXXII	facta sit	facta est
	E 3	Gotfridi	Goffridi		—	remissus	est remissus
	E —	Couanz	Conans		XXXIII	Gibel	Gimel
	E 4	Bederz	Berderz		XXXIV	Gibel ... properaverunt	Gimel ... properaverint
	E —	Montphelir	Montphetlir				
	F 3	et dispositis	ac dispositis		XXXV	subtrahunt	separant

5 *

Seite	Cap.	Text des Recueil.	Text des Codex J.	Seite	Zeile	Text des Recueil.	Text des Codex J.
	XXXVI	populo Dei	populo ducis		B 4	absumta	absumpta
	—	differretur via	differunt via		B 5	venerandus	venerabilis
	XXXIX	difficultate	difficillitate				
	—	inierint	inierit	511	E 1	jam in proximo	jam fehlt.
	XL	perierunt	perierint		F 1	et dilectus	ac dilectus
	XLI	sanctum Pente-costen	sanctum fehlt.		F 3	electione	dilectione
					F 4	ante biennium	fehlt.
	XLII	possederint ... constituerint	possederunt ... constituerunt	512	A 2	Antfos	Antfus
					A 3	quin	quin et
	XLIII	Cum	Dum		A 4	et a cunctis	cunctisque; a fehlt.
	XLVI	civitas sancta	sancta fehlt.				
		cap. I	I fehlt.		A 5	miri et decori operis	miri decoris et operis
	Zeile						
433	B 1	excaecatas	obcecatas		B 5	his muneribus	fehlt.
	D 3	ex omni	in omni		D 2	Epiphaniae	Epiphanie Domini
	C 5	sancti Petri	beati Petri				
	D 3	relictum est	concessum est		D 5	flumen Jordanis	Jordanis fehlt.
	D 4	virum christianissimum	virum clarissimum et christianissimum		E 1	et Boemundus	ac Boemundus
					E 3	reversus est	est fehlt.
				513	B 2	equites	milites
	E 3	Antiochenae ecclesiae	Antiochie		B 5	manibus	et manibus
					C 3	universique	et universi
434	A 1	contulerunt	constituerunt		D 4	domni Ammirabilis Regis	domini regis Babylonie Ammirabilis
	A 5	illic ultra	ultra fehlt.				
	B 5	vi invadens	vi fehlt.				
	E 5	indicarent quomodo	dicerent quoniam		D 5	Intellecto igitur	Intellecta; igitur fehlt.
	F 3	Hi quidem	Siquidem		E 2	armenta eorum	eorum fehlt.
	F —	suorum	sociorum		E 5	et ducenti	et fehlt.
	G 4	quoniam	quod		F 1	praesumpserunt	presumebant
435	B 2	escarum ... fruentibus	cibariorum ... fructibus		F 3	equites	milites

Seite	Zeile	Text des Recueil.	Text des Codex J.	Seite	Zeile	Text des Recueil.	Text des Codex J.
518	B 3	videbatur	videretur			dewinas Tauns	uns et Baldevvinus
	C 2	inire	subire				
	D 5	aut argentum	vel argentum	534	G 2	elicere	eicere
	D —	se servare	se *fehlt.*		G —	ducentis	ducentis et
519	A 3	ei prandium	ei *fehlt.*	535	A 2	in cavis	in caveis eorum
	B 2	invenit	reperit		A 3	suorum	eorum
	B —	et non	non *fehlt.*		A —	redierit	rediret
	C 4	conchristiani	christiani		B 1	et caloris immanitate	ac caloris nimietate unanimiter
	D 2	intromissi vero	intromissi ergo				
	E 3	praesentari	preseutare		B 3	in praedam	in preda
					C 2	retardatus requievit	remansit
528	F 1	Gibel	Gybel		F 1	Sexta vero die	Sexta vero die
	F 3	ad Tripolim	ad *fehlt.*		F 3	Quarum immanitate	Quorum inmanitate
	F 4	jucunde	jocunde		F 4	peditum Illic	pedites ; illic *fehlt.*
	G 2	litore	littore				
529	B 4	illuc	illic	536	A 5	tam magnifici	tanti et tam magni
	B 5	ac renes	et renes				
	D 4	Christianos	cristianos		C 1	fugerant	fugerunt
	E 2	montium	montis		C 4	esse	*fehlt.*
	E 3	ne aliqui	ne alicui		C —	deinde	denique
	E 5	crastina luce	crastina die		E 5	solempni	sollempni; *desgl. später.*
	G 1	Camolla	Camulla				
	G 2	regem Damasci	ducem Damascenorum		F 2	pretioso	preciosis
	G 3	haec econtra	haec *fehlt.*	550	E 5	dum	cum
530	A 1	quam nostra	quam nostrorum	551	A 2	operatus	operatus est
	A 5	camporum	*fehlt.*		A 3	cap. LXVIII.	LXVII.
	B 2	insecuti	secuti		A 5	caput illius	caput ejus
	C 4	adesse	prodesse		B 2	Dehinc	Dein
	E 2	Walterus et Bal-	VValtherus Ta-		B —	christianum	christianorum

Seite	Zeile	Text des Recueil.	Text des Codex J.	Seite	Zeile	Text des Recueil.	Text des Codex J.
	B 4	jacta	hasta		D 1	haud procul	haut procul
	C 4	stragem et	fehlt.		D 2	Bervoldus	Belvoldus
	C 5	utrinque	utrimque		E 3	Erkenboldus	Erkengoldus
	E 1	et quarta	ac quarta	550	A 1	cap. LXVI.	LXV.
	E 2	quinta vero	vero fehlt.		B 4	Dominum	Deum
	F 2	cap. LXIX.	LXVIII.		C 5	Ipse	fehlt.
552	A 3	Sed in omni	et in omni		D 3	cap. LXVII.	LXVI.
	A 4	Quapropter bis disposuerunt	fehlt.		D 4	Dominici	Domini oder Dominici (?)
	D 2	et virtute	et in virtute				
	D 1	sicut et beri	et fehlt.	610	A 4	cap. XIX.	XVIII.
	E 5	cap. LXX.	LXVIIII		C 5	a civibus	fehlt.
	F 2	nimia	nimium		D 3	cap. XX.	XIX.
	F —	Ascaloua fugam inierunt	Ascalonam fugientes		D 4	hebdomadarum	ebdomndarum; desgl. später.
			(Halbblatt 1)		D 5	jejunium tunc	tunc fehlt.
565	D 1	Stephanum	fehlt.		F 3	et cives	et fehlt.
	E 1	in sagittis	in fehlt.	641	A 1	cap. XXI.	XX.
	G 1	illuc	illic		B 2	patris eorum	patris sui
566	B 5	detruucatos	detruncatis		C 1	tam Turcos quam Arabitas	Arabitas et Turcos
547	F 2	hypocrisin	ypocrisin		C 2	ad castra	in castra
548	D 1	cap. LXIII.	LXII.		C 5	fidem servamus	fidem querimus
	D 4	ac retenti	et retenti		D 2	omnia	fehlt.
549	A 1	cap. LXIV.	LXIII.		E 1	cap. XXII.	XXI.
	B 2	regni ejus	regni sui	612	A 2	daret	dareut
	B 3	Joppe	Joppen		A 4	cap. XXIII.	XXII.
	C 2	occupare	occurrero		B 1	ab aliquo	fehlt.
	C 4	ammirati	armati		B 5	membrorum	menbrorum
	C 5	cap. LXV.	nochmals LXII.				
	C —	Verumtamen	Veruntameu				

Seite	Zeile	Text des Recueil.	Text des Codex J.	Seite	Zeile	Text des Recueil.	Text des Codex J.
657	F 2	vel argentum	et argentum	698	A 4	quibusque	quibusdam
658	A 3	parentelam meam omnesque	parentelam et cunctos		B 2	a Galilaea	a *fehlt*.
					E 2	constituentes	continuantes
	A —	vinculis	vinculis vestris		E 3	instante festo beati	in festo sancti
	B 3	cap. LVII.	LVI.				
	B 5	transfixus	confixus		E 5	certantes	festinantes
	C 5	cap. LVIII.	I.VII.	699	A 1	nimia vi	*fehlt*.
659	A 1	cap. LIX.	LVIII.		A 5	Crastina autem die	die *fehlt*.
	A —	Rege, ex	rege a ex				
	A 3	idem Evermerus (lib. VII, cap. LIX. LXII)	idem *fehlt*.		B 2	ejecta	ejecta
					Cap.		
				687	XIII	Quomodo conjux	Qualiter conjunx
548	A 5	in audientia	in audientiam		XV	subverterunt	subverterint
	A —	animae suae	anime ipsius		XVI	septem milibus	milibus *fehlt*.
	B 2	psallentium	famulantium		—	perierunt	perierint
	B 5	sibi solus	solum sibi		XX	readunati	readunatis viribus
659		*Fehlt*.	Explicit liber decimus				
					—	per Rotgerum omnes sunt exsuperati	*fehlt*.
661		Index capitum libri undecimi	Incipiunt capitula libri undecimi.				
					XXIV	quod ipso	quod ipsas
					XXV	Rex vero	Rex Halduinus
697	C 1	dieque sequente usque	dieque sequente *fehlt*.	688	XXVII	sepultura sua	sepultura ejus
	C 5	galidis	galidis; *desgl. später*		XXX	in regem	ab omnibus in regem
	E 4	et auro	et argento		XXXII	congregat, quem	congregaverit quam
	F 1	in honorem	in honore				
	F 4	connubio	conubio	689		Incipit liber duodecimus	Incipit liber duodecimus Jherosolimitane expeditionis
	F 5	militibus divisi sunt plurimi	*fehlt*.				
	G 3	Rotgerus	Rûtgerus in				

Seite	Zeile	Text des Recueil.	Text des Codex J.	Seite	Zeile	Text des Recueil.	Text des Codex J.
	A 1	Anno regni sui undecimo	fehlt.	681	A 5	civitati	urbi
					B 1	turres et	fehlt.
	A 3	regni Jherusalem	regni fehlt.		C 2	ducentorum milium	milium fehlt.
	A 5	omnino	fehlt.		C 4	montes	montis
	B 5	Turcorum	fehlt.		C 5	deficientes	deficiente
	C 5	promittentes	permittentes		D 5	ac divisionem	et divisionem
690	D 3	et retinere	ac retinere		E 1	centum et	et fehlt.
	B 5	ascitis	accitis	682	B 2	filiasque	et filias
	D 3	usque nunc	usque fehlt.		B 3	intra moenia	infra menia
691	C 5	immemor	inmemor		C 2	Gibel	Gybel
	C —	plurimos	plurimis				
	E 2	fortiter obsidentes	et fortiter obsistentes	704	C 3	reparatione	reperatione
	E 5	Christianos	fehlt.		C 4	suam	fehlt; das Folgende, soweit erkennbar, gleich Variante 9 des Rec.
	F 1	itidemque	itemque				
	F 4	Deinde	Dein				
692	A 3	in domo	de domo				
	B 3	sic quosque	sic suos				
	B 4	tormenta lapidum	lapides		D 5	removeret	amoveret
					E 4	in urbe	in urbem; das Zeichen für m von späterer Hand.
	C 1	ictus	jactus				
	E 5	Ad hoc	Ad hec				
680	C 3	suorumque	et suorum				
	C 4	et belligeros	ac belligeros				
	D 2	et turres	fehlt.				
	D 4	totam	fehlt.				

Variantenverzeichnis des Darmstädter Codex (E).

Seite	Cap.	Text des Recueil.	Text des Codex E.	Seite	Cap.	Text des Recueil.	Text des Codex E.
269		Index capitum libri primi	fehlt.	297		Index capitum libri secundi.	fehlt.
	cap. I	Prooemium	roemium; das Initial P. ist nicht ausgeführt. Ebenso fehlen die Kapitalnummern.		cap. I	Cum	um; das Initial C ist nicht ausgeführt. Ebenso fehlen die Kapitelnummern.
	cap. VI	quodam	quoda		cap. IX	absolutis principibus ... Ducem simul	captivis principibus absolutis ... ducens simul
	X	diripuerit	diripuit				
	XII	et iterum	iterum fehlt.		XI	castra	castrorum loca
	XIX	armatis	armatas		—	ad eum ... Dux dissimulat	ad eos ... rogatus venire dissimulat
270	XXIII	contraxerit	adunata sit. Der Schreiber springt aus Versehen vom Text des cap. XXIII auf den des cap. XXVI über, übergeht also cap. XXIV und XXV.		XVII	Capadociam compellat saepius	Cappadociam (desgl. später) ... sepius interpellat
					XIX	et de Roberto	Rubertus comes homo (illius unleserlich) efficitur
					XX	vadit ... Petro ....et aliis quibusdam	iter dirigit ... et Petro ... et de quibusdam aliis
	XXVII	De simili Moguntiae	De simile strage facta Moguntie.				

— 42 —

Seite	Cap.	Text des Recueil.	Text des Codex E.	Seite	Cap.	Text des Recueil.	Text des Codex E.
298	XXII	delegatae	digate			pibus ... Du-	bus absolutis...
	XXIII	De eodem	Item de (eodem unleserlich).			cem simul	duceus simul
					XI	castra mutat...	castrorum loca
	XXV	principe urbis	principibus urbis			Dux dissimulat	mutat... rogatus venire dissimulat
		Nicaeae	terre				
					XIV	ipse Dux	dux fehlt.
			Sorgfältigere Wiederholung des Vorangegangenen.		XVII	compellat saepius	sepius interpellat
					XIX	et de Ruberto	Rubertas comes homo illius efficitur
269		Index capitum libri primi.	Incipiunt capitula primi libri		XX	vadit ... Petro ... et aliis qui-	iter dirigit ... et Petro ... et de
	cap. VI	quodam Waltero	quoda Walthero			busdam	quibusdam aliis
	X	diripuerit	diripuit		XXII	dispositio ... de-	disposit ... dilegatae
	XXIII	contraxerit	adunata sit. *Der Sprung von XXIII auf XXVI ist genau wiederholt.*	298	XXIII	viris sacri ordinis	viris ordi ... (freier Raum)
					XXV	principe urbis Nicaeae	principibus urbis terre
					XXVI	praestoletur	prestolatur
270	XXIX	turbato ... perierit	XXVII disturbato ... petierit Expliciunt capitula primi libri		XXVII	exhortatio	exortatio
					XXXI	impugnatione	oppugnatione
					XXXIII	Prophani... bellicosissimum	Profani... bellicosissimus
297		*fehlt.*			XXXVII	sanctimoniali	sanctimoniali femina
		Index capitum libri secundi.	Incipiunt capitula libri secundi		XXXIX	Christianorum ... Solimanni	christinai populi ... principis
	II	Dei	Domini				Niceni
	IV	et quid	et quicquid				
	IX	absolutis princi-	captivis principi-		XLI	Ubi Dux et qui	

Seite	Cap.	Text des Recueil.	Text des Codex E.	Seite	Cap.	Text des Recueil.	Text des Codex E.
		cum eo erant subveniunt pereuntibus	*fehlt.*		XLIII XLVIII LII	invaserint dolens aut passi	invaserunt nocens vel quid passi
298	XLVI	Christi ... et quomodo ... corpora	Dei ... et *fehlt* ... cadavera	337	LIV LV	regis Profanos ... coercet.	gegis prophanos ... cohercit
335		Index capitum libri tertii	Incipiunt capitula libri tertii		LVI LVIII	reddere et destinantur	tradere distrahuntur
	I	cruciata ... perierunt	cruciati ... expiraverunt		LIX LX	strenue et dux	stenune dux *fehlt.*
	V	Tancredus ... de urbis	Tancredus ... de verbis		LXIV	pugna Expliciunt capitula	fuga Expliciunt capitula libri tertii
	VI XI XII	alterutris conchristianos civitatis	adulteris est christianus *fehlt.*	387		Index capitum libri quarti	Incipiunt capitula libri quarti
	XVII XVIII XIX	De prospero Armenicus vetatus ... reproperat	et de sprospero Armonicus neeatus ... properat		II VI VII VIII	Darsiani ... quos Nicaene experturum magos	Darsiarii ... quot Nince expertinum magis
336	XXI XXIV	Samusart occiso duce ... Samusart	Samursat occiso duci ... Samosart		XI XV XIX	Prophanis ... et arcani intromissi	Prophanos ... ac archaui urbem intromissi
	XXVII XXVIII	obiit capita ... recipiunt	diem obiit capiti ... recipientibus		XX XXI XXII	denuo expergefacti nunciant	de uno experrecti indicant
	XXXIII	Farfar ... excepti	Pharphar ... exceptis	388	XXIII XXXI	praeeminet Prophani	premiuet profani
	XXXV XXXVI XXXIX XL	superant ordinatur De eodem exquisita	superat ordinantur Item de eadem re exquisite		XXXIII XXXV XXXVII XLI	retinere detecti clam exhortationibus	retineri derecti de civitate clam et hortationibus

Seite	Cap.	Text des Recueil.	Text des Codex E.	Seite	Cap.	Text des Recueil.	Text des Codex E.
	XLV	tumide	timide		XLIII	Cum	XLII Dum
	LIII	et perdit	ac perdit		XLIV	Bethleem duci	XLIII Bethlehem (ebenso später) duci Godefrido ... maturet
		Expliciunt capitula	Expliciunt capitula libri quarti			maturaret	
431		Index capitum libri quinti.	Incipiunt capitula libri quinti.		XLV	abducta	XLIV adducta
	VIII	Hasart	Hasare		XLVI	sancta	XXXV (sic); sancta fehlt.
	XVII	exhaustus	exhautus				
	XVIII	Amocha	Malacha			Expliciunt capitula	fehlt.
	XXIV	redimit ... reparantur	redemit ... reperantur	465		Index capitum libri sexti	Incipiunt capitula libri sexti
	XXV	et variis ... conjecturis	et de variis ... injecturis		IV	quaererent	querunt
	XXVI	gestis ... dominio	iestis ... dominico		VIII	et quae	et fehlt.
					XI	machinae	maxime
432	XXVIII	principum	primorum		XIV	Babyloniae	Babilonii
	XXXI	Archas	XXX Accas		XX	perfidorum	perditorum
	XXXII	et a Godefrido ... remissus	XXXI; et fehlt ... est remissus		XXII	regii	regui
					XXXI	dominio	domini
	XXXIII	obsederunt	XXXII obsederint		XXXII	sint ... Babylonici	sunt ... Babilonii
					XXXVI	de Duce	de ipso Juce
	XXXIV	amoverant ... properaverunt	XXXIII amoverint ... properaverint	466	XLIX	perfidorum	perditorum
					LIII	valefacit	valedicit
					LIV	fidelibus	fidelium
	XXXVI	populo Dei	XXXV populo ducis			Expliciunt capitula.	Expliciunt capitula libri sexti.
	XXXVII	ab Archas	XXXVI ad Archas	505		Index capitum libri septimi.	Incipiunt capitula libri septimi.
	XXXIX	inierint	XXXVIII inierit		IX	mulctantur	multantur
	XL	perierunt	XXXIX perierint		XI	Babylonici	Babilonii

Seite	Cap.	Text des Recueil.	Text des Codex E.	Seite	Cap.	Text des Recueil.	Text des Codex E.
	XII	Assur civitas	civitas fehlt.		LXVII	episcopo ... ir-	LXIII episcopo
	XV	incolumis	incolomis			rumpit	Gerardo ...
	XXI	obitus ... War-	obitu ... Varn-				irrumppit
		neri	heri		LXXI	Wicheri ... op-	LXVII Wikeri
	XXVIII	Malatinae	Malarine			timi	... egregii
			Die Nummern	555		Index capitum li-	Incipiunt capitu-
			XXIX—XXXI			bri octavi.	la libri octavi.
			fehlen.		II	rapinam	rapinas
	XXXII	paucis	XXIX paucis ob-		III	negligentes	neglegentes
			viam		VII	Pentecostes ...	Pentecosten ...
	XXXIV	gloriosam	XXXI gloriosa			Christianorum	christianorum
	XXXIX	Azopart	XXXVI Azor-			... direxit	fehlt ... direxe-
			phat				rit
	XLI	Cum ... difficilia	XXXVIII Dum		VIII	illicite ... Aucras	allicite ... Acris
		... militiam	... dificilia ...		XII	igne	ignibus
			militem		XIV	quoddam	quidam
	XLVIII	impetitus	XLV imperitus		XVIII	reliqua ... arri-	reliqua fehlt ...
	LIII	De redemptione	L. De redemptio-			piunt	arripuit
			nem	556	XIX	quasdam	quosdam
			Die Nummern		XXI	fuga	fehlt.
			LIV und LV		XXIV	duces ac comites	comites et duces
			sind in LI zu-		XXV	de regno ... pe-	de terra ... per-
			sammengezo-			ditum	ditum
			gen.		XXVI	apparatu	aparatu
	LVII	praestolatur	LIII prestolatus		XXXIV	intraverint	intraverit.
			sit		XXXIX	Alverneusis	Avernensi
	LXI	se procurare	LVII; se fehlt.		XLIII	Hierosolymis	Iherosolimi
	LXV	attritae	LXI; attritae		XLIV	Joppe	in Joppe
			fehlt.	587		Index capitum li-	Incipiunt capitu-
	LXVI	cruce Domini	LXII cruce do-			bri noni.	la libri noni.
			minica		II	Ramues	Rammes

Seite	Cap.	Text des Recueil.	Text des Codec E.	Seite	Cap.	Text des Recueil.	Text des Codex E.
	III		cap. III fehlt.		XLIV	cum omnibus suis	XLIII; cum omnibus suis fehlt.
	VI	turri	V turre				
	VIII	uxorum	VII fehlt.	580	LII	Asculonitae ... regi ... remiserunt	LI Ascalonie ... gegi ... remiserint
	XI	De classe Christianorum	cap. XI fehlt.				
	XII	tria milia	X; tria fehlt.	627		Index capitum libri decimi	Incipiunt capitula libri decimi
	XV	Babyloniorum	XIII Babilonorum ducem		II	consulit ... contra	consulitur ... contra steht zweimal.
	XVI	concilio	XIV consilio				
	XVIII	ab hostibus	XVI; ab fehlt.				
	XX	Reinoldo, sagittario ... rex ab Baldewinus ab	XVIII Reimoldo sagittani ... rex		III	depraedante	depredande
					VI	exoluverit	exhalaverit
					VIII	Tabarlam	Tarabiam
588	XXIII	Japhet	XXI Jafet d (quingenti ?)		IX	Tabariae commorante	Tarabiam demorante
	XXV	Baldewino	XXIII Baldewino rege		XI	militis	militum
					XIII	necaverunt	neccaverunt
	XXVII	eo ... vexaverunt	XXV eo pariter ... vexaverint		XIV	diruerunt	diruerint
					XV	octo ... novem	octo fehlt ... navim
	XXVIII	Rex et Patriarcha	Hicrmit ginnt der Codex cap. XXVII.		XVII	Rorgius	Torgus
					XVIII	Botherum	Bothervum
					XIX	Brodoan ... invitatus	Brodoan principis ... invitatus fehlt.
	XXX	agressi	XXIX aggressi				
	XXXII	Triplam	XXXI Tripolam				
	XXXIII	Alexius	XXXII Alexis		XXI	Femiam ... auxilium	urbem Femiam ... in auxilium
	XXXVIII	urbem	XXXVII; urbem fehlt.				
					XXII	civibus suis ... tradidit manibus	suis fehlt ... tradiderit in manibus
	XL	decollatione	XXXIX decolatione				
	XLII	Turci	XLI Turcis	628	XXV	quindecim	septem

Seite	Cap.	Text des Recueil.	Text des Codex E.	Seite	Cap.	Text des Recueil.	Text des Codex E.
	XXVI	De quinque	De sex ... Der Codex verbindet XXVI und XXVII zu cap. XXVI.		I	Quod ... Archas	Quid ... Arcas
					X	mandavit	maudaverit
					XI	hominem	hominum
					XIII	Tripolitae	Tripole
					XV	Willelmus comes	comes fehlt.
	XXIX	Syrorum	XXVIII Sirorum		XVII	dediderunt	dedunt
					XX	dimiserunt	dimiseriut
	XXXI	adeptus ... onustus	XXX adepta ... onustus steht zweimal.		XXI	ad Tancredum ... utrimque	post Tancradum ... utrumqoe
					XXIV	Euphratem ... hostibus	Euphraten ... ostibus
	XXXII	a rege consolati	XXXI a rege consolati fehlt.		XXV	Baldewinum	Baldewinus
	XXXVI	juxta	XXXV circa		XXVI	Nortwegae ... Jherusalem	Norwege ... in Jherusalem
	XXXVII	inimicus ejus	XXXVI ejus fehlt.		XXX	perduxit	perducit
	XXXVIII	Baldewinus	XXXVII Baldewinus comes	662	XXXV	descenderit	descendere
					XXXVI	Babylouii	Babilonis
	XL	Quod	XXXIX Qualiter		XXXVIII	ducenta milia ...	milia fehlt ...
	XLI	in Italia	XL in fehlt; Italias.			Gozeliuus	Gozlinus
					XXXIX	milibus ... obsidem datum nequiter jugulaverunt	fehlt ... nequiter obsidem datum jugulaverunt.
	XLV	data	XLIV et data L.I und L.II bilden im Codex cap. L.				
					XLI	sexdecim	sedecim
	XLIV	Gervasius	L.II Gevasius		XLII	luierint	inierunt
629	LVIII	Baldewino	LVI Baldewino fehlt.		XLIII	Cerez	Cerez tandem
					XLIV	multis artibus	multis diebus
	LIX	Gobelino	LVII Gibelone		XLVI	urbe erumpentibus	urbem irrupentibus
661		Index capitum libri undecimi.	Incipiunt capitula libri undecimi.		XLVII	obtinuerit	optinuerit
				687		Index capitum	Incipiunt capitu-

Seite	Cap.	Text des Recueil.	Text des Codex E.	Seite	Cap.	Text des Recueil.	Text des Codex E.
687		libri duodecimi.	la libri duodecimi.	688		do ... condierint	
	I	inierit	cum suis inierit		XXX	in regem	XXIX ab omnibus in regem
	III	Tyriorum	Tirorum				
	V	mirabiliter	fehlt.		XXXI	Paschae ... insequuntur	XXX Pache ... insecuutur
	VI	et sulphure ... combusserunt	ac sulphure ... consumpserunt				
	X	De quingentis ... christianis	De X ... christianorum				Ende der Indices, Anfang der Erzählung Albert's von Aachen.
	XII	sexdecim ... congressu ... effugavit	sedecim ... congressu fehlt ... afugavit				
	XIII	Quomodo	Qualiter				
	XIV	remuneratis	remuneraus				
	XV	devastantes	devestantes	271	Zeile		
	XVI	milibus	fehlt.			In nomine sanctae et individuae trinitatis	fehlt.
	XIX	suam militiam	suorum militiam				
	XX	redeunte	fehlt.				
			Der Codex verbindet XXI und XXII zu cap. XXI.			Incipit liber primus christianae expeditionis pro ereptione, emundatione, restitutione sanctae Hierosolymitanae ecclesiae.	Incipit hystoria Jherosolimitane expeditionis edita ab Adalberto canonico et custode Aquensis ecclesie.
	XXIV	repudiaverit	XXIII repudaverit				
	XXV	Rex vero	XXIV Rex Baldewinus				
	XXVI	aegrotavit	XXV graviter egrotavit			De via et expeditione Jherusalem his usque diebus inaudita	Diese Kapitelüberschrift des Recueil bildet den An-
688	XXVIII	ipsius	XXVII illius				
	XXIX	Quod ... condierunt	XXVIII Quomo-				

— 49 —

Seite	Zeile	Text des Recueil.	Text des Codex E.	Seite	Zeile	Text des Recueil.	Text des Codex E.
		et plurimum ammiranda.	fang von cap. I des cod. E.	273	D 1	asportari	asportare
					A 5	imprimis	inprimis
	A 2	impedimenta	inpedimenta		B 2	servitutis vestrae miseriam et angustiarum intolerantiam cunctis insinuans	jugum servitutis vestre reserans et angustiarum vestrarum intollerantiam
	A 4	non in otio	fehlt; dafür findet sich ein entsprechender leerer Raum.				
					B 6	sepulcrum	sepulchrum
	A 5	consocius	concius		D 4	Deo dignam	dignam Dei
	B 1	firmata fide et robustorum principum	firmata fiducia multorum principum		D 5	somno expergefactus est	a somno fit expergefactus
					E 3	accommodavit	accomodavit
	B 2	conspiratione bona in amore Christi	aspiramine bona in intentione		E 5	Barim	Bare
					F 1	reperto Apostolico	Apostoli corecepto
	B 3	uxores	parentes	274	A 2	et conventum	sed conventum
	B 5	incauto stilo	incausto stilo		A 3	concilium	consilium
	C 1	et quomodo	et fehlt.		A 4	in Alvernis	in Alvernas
	C 3	sacri	sachri		C 5	cognomento	cognomen
272	A 2	Amiens	Ambiensi		D 2	octo habens	von späterer Hand milia übergeschrieben.
	A 3	hujus viae . . . adhortatus . . .	hujus vite . . . adortatus . . .				
		Berriu	Beru		D—	in initio	in fehlt.
	A 4	Hujus ergo	Hujus igitur	275	D 2	quidam divisi . . . devenerunt	quidam fehlt . . . pervenerunt
	A 5	vocatione	invocatione				
	B 5	exstiterit	existerit		E 2	relictis	relectis
	C 2	sepulchri . . . proh dolor	sepulchrii . . . presentatus		E 3	fugitivus	fugitivis
					E 5	referens	retulit
	C 3	ip.umque	que fehlt.		F 1	consecutus est	est fehlt.
	C 4	appellat	apellat		G 4	inchoaverat	inchoaverant
	C 5	expetit	appetit	276	A 4	arena	harena

7

Seite	Zeile	Text des Recueil.	Text des Codex E.	Seite	Zeile	Text des Recueil.	Text des Codex E.
	A—	convenerat	convenerunt		C 1	recuperarent	reciperareut
	A 5	Lothariugi	Lotharingii		C 4	trans	transiens
	B 1	in itinere	in fehlt.		C 5	vadunt	reduxit
	B 3	quem eduxerat	quos eduxerat		D 3	sensatis	sero satis
	C 4	et sic sine	sic fehlt.		D 5	praeter haec	propter hec
	D 1	appropinquavit	appropiavit		E 2	schisma	scisma
	D 4	inilaset	inisset		E 3	superari . . . e duabus	superare . . . e duobus
	D 5	Belegravae	Belagrade				
	E 4	conchristiani	cum christiani		E 5	Alii vero	alio vero
	F 2	praesumpserant	presumpserunt		F 3	sui tam saevo	sui (tam unleserlich) sevo
	F 3	hac confratrum	tunc confratrum				
277	C 4	absorpti	absorti		F 4	induti	indutis
	D 5	hac victoria	autem illius victoria		G 1	vado	vadis
					G 4	secum	cum eo
	F 2	Belegravae	Belagrave		G 5	dignaretur . . . utrinque	diguetur . . . utrimque
278	A 2	in ultionem	in ultione				
	D 1	Theutonicis	Teutonicis; des gl. später.	281	A 2	pedestre vulgus rebelle et incorrigibile	pedestris vulgus rebellis et incorrigibilis
	D 2	ilico	illico				
	E 5	tentoriis	tabernaculis		A 3	onerans . . . instabat	honerans . . . instabant
	F 5	Waleramni	Waleranni				
279	A 5	Alemannorum	Allemannorum		B 1	ac curribus	et curribus
	C 4	imperium	inperii		B 3	ad duo miliaria	adhuc miliaria
	C 5	plurimi	plurima		B 5	et spaciosum . . . pars per deserta loca dispersi	et fehlt . . . et deserta loca omnes dispersi
	E 2	nomine	nunc				
	E 3	ignoranti	ignorante				
	F 1	ad haec	adhuc				
280	A 2	Nichlta	Nichito		D 2	Waleramni	Waleranni; desgl. später.
	A 3	suo satellitio	sue satellitioe (?)				
	B 4	in praefato prato . . . relocaverunt	presita prata . . . recitaverunt		E 4	jussione	missione
					E 5	in montis	in montes

Seite	Zeile	Text des Recueil.	Text des Codex E.	Seite	Zeile	Text des Recueil.	Text des Codex E.
	F 1	ac loca	et loca		E 1	quousque non	qui (*freier*
	G 2	tolerantes	tollerantes			ultra	*Raum*) ultra
282	F 4	mulorum	multorum		E 2	Turci	Tunc Turci
283	A 1	hospitio	ospitio		F 1	afforis	a foris
	B 4	ad Imperatorem	ad *fehlt*.	286	A 1	Ultione hac gravi	Hac gravissima
	C 5	decreverint	decreverunt				ultione
	F 1	amoventes	ammoventes		A 4	Hoc ergo	Hoc igitur
	F 5	admovebant	amovebant		C 3	Octavo	Octava
	G 1	caseorumque	caseoque		D 1	vagantes diversis	vagantes reper-
284	A 2	exercitui	exercitu				tos diversis
	C 1	boves, oves	boves et oves		E 4	et Folkerum	et *fehlt*.
	C 5	His itaque ...	Iiis ita ... pre-	287	B 1	diluculo primo	prima aurora
		praedarum	clarum			quartae diei	diei Mercurii
	D 2	in conspectu	in aspectu		B 3	innumerabiles	innumerabili
	E 3	Theutonici	Teotonici		C 4	Vix ad	vix trans
	G 3	jocundati	jocundat		D 4	atque deleret	et deleret
285	A 2	Solimanni	Solimani		E 4	pugnaturi veni-	pugnare veniunt
	A 4	promissus	promisus			unt	
	B 3	osseo	bosseo	288	A 1	attritae	adtrite
	B 5	amplior et dolor	amplior ira et		A 2	reditus	reditum
		et ira illi aucta	dolor illi auctus		C 2	athletas	adletas
	C 1	ac ejectione	et ejectione		D 5	Civitot	Civitoth; *desgl.*
	C 3	praesidio	presidium				*später.*
	D 3	a muris et moe-	*Mehrere Wör-*		E 4	vero	vero illorum
		nibus repre se-	*ter nicht aus-*		E 5	omnemque	omnem vero
		raut trans mu-	*geschrieben;*	289	A 4	ab aethere	ab ebere
		ros et moenia	*dafür freie*		C 3	agnito	audito
		conscendere	*Räume; für*		C 5	tot milium	tot militum
		parant	*muros steht*		E 1	media nocte	in ipsa nocte
			mutis.		E 2	ab impiis	ab ipsis
	D 5	alii gladiis et	*teilweis nicht*				
		bipennibus	*ausgeschrieben.*				7*

Seite	Zeile	Text des Recueil.	Text des Codex E.	Seite	Zeile	Text des Recueil.	Text des Codex E.
		Hier, lib. I cap.			B 2	frutectisque	et frutectis
		XXIII, beginnt eigentlich erst der			B —	quidam	aliqui
					D 3	impletam	repletam
		wertvolle Codex E. Alles			E 2	christianarum	christianorum
					F 3	Dominus	Dominus Deus
					F 4	iaventa sit	inventa est
		Vorangehende gehört jener jüngeren,				Explicit liber primus.	fehlt.
		zierlichen, aber weniger zuverlässigen Hand an.				Incipit liber secundus	fehlt. — *Im Codex hatte aber Explicit liber primus gestanden. Dieses ist radiert und von späterer Hand auf die Rasur geschrieben worden*: Bellum Godefridi contra infideles.
290	B 5	peremerunt	perimerunt				
	D 1	totaque	omnique				
	D 5	internecionem	internicionem				
291	D 3	deputaverunt	intulerunt				
292	B 2	eorum	illorum				
	D 1	se	fehlt.				
	D 5	receptam	acceptam				
	E 2	tutissimo ac	tutissimo et				
293	E 1	pacemque	et pacem		A 3	Hartmanni	vero Hartmanni
	F 1	appropinquantes	propinquantes		C 1	Osterrich	Hosterrich
	G 1	citra	trans		C 4	occasione	occasione vel
294	A 1	Die	Vespere		D 1	jamque	et jam
	E 2	Rusciae	Russie; *desgl. später.*	300	D 4	hoc modo	in hoc modo
					E 4	contraxit	conduxit
	F 4	Ungari vero	vero *fehlt.*		F 2	pecora regionis nostrae	pecore regionis nostra
	G 1	ac plerumque	et plerumque				
295	A 4	alii pauci	ceteri pauci	301	C 2	ad castellum	et castellum

Seite	Zeile	Text des Recueil.	Text des Codex E.	Seite	Zeile	Text des Recueil.	Text des Codex E.
	D 5	benignissime	benigne eum	309	Zeile 4	quod	quoniam
302	A 1	rebusque	et rebus		B 3	hanc	quam
	C 3	statimque	et statim		C 3	secedas	redeas
	E 5	uxore et	uxore ac		D 5	hancque	et hanc
303	A 3	Ilantax	Ilantac	310	B 5	quod	quod et
	B 4	jussumque	ac jussum		C 1	potestatem	potestate
	C 4	eundem	idem		D 4	ejusque	et ejus
	D 4	quam	quoniam		F 2	gloriosissimum	gloriosum
304	B 5	Alexius	Alexis	311	A 2	liberari ac	liberari et
	C 4	reperiunt	repperient		D 2	omnique	et omni
	D 4	plurimaque	et plurima	312	B 3	et de	de
	E 4	ad Phinepopolim	Phinepopolym		C 2	Valonam	Valona
305	C 1	Statimque	Et statim		D 2	plurimisque	et plurimis
	D 4	et Rotgerum	Rotgerum		E 5	asseusu	consensu
306	A 1	monueruut	ammonueruut		E —	statimque	et statim
	B 4	nimiamque	et nimiam		F 2	multoque	et multo
	B —	ceterisque	et ceteris	313	A 1	Dum	Interea dum
	B 5	terras	terram		B 1	munerumque	et munerum
	C 2	rursus	rursum; desgl. später.		B 3	Flaudriensis	Robertus Flaudriensis
	C 5	ideoque	et ideo		D 2	subjugavit	suo subjugavit
	D 4	His ergo	Et his		D 4	quomodo	quoniam
	E 4	interirent	perirent	314	A 1	dispositis	ordinatis
307	C 3	et eum ad	et ad		A 3	Boemundus et	et Boemundus
	E 2	perstrepere	strepere		B 1	Coustautinopoli	Constantinopolys
	E 3	tentoriaque	et tentoria				
308	A 3	Ideoque	Et ideo		B 2	doni	donis
	C 1	dominae et	domine ac		D 4	hominesque	et homines
	D 2	vespere	vesperam		E 4	muros quoque	et muros
	D 4	impugnantes	impugnantem		F 2	lacessunt	lacesscunt
	E 4	et in bello	in bello		F 3	ac jaculis	a jaculis

— 54 —

Seite	Zeile	Text des Recueil.	Text des Codex E.	Seite	Zeile	Text des Recueil.	Text des Codex E.
315	B 3	avunculum	avunculum qui-	328	A 1	Trevireusis	Treverensis
			dem		A 3	parumque	et parum
	B 4	sedere	consedere		B 4	omnique	et omni
	C 5	rebusque	et rebus		C 1	daretur de hu-	daretur. De hu-
316	B 5	Godefridi	Gosfridi			jusmodi incestu.	jusmodi incestu
	C 2	Brittannorum	Brittanniorum			Tandem.	tandem
	C—	Calmont	Kalmont		E 2	recocurrit	recurrit
	C 3	Montphelyr	Montpehlir	329	A 2	sicque	et sic
317	A 3	Monzonz	Monzons		C 2	ceterisque	et ceteris
	A 4	Muntbiliarht	Muntbiliart		C 5	Nicaea urbe	Nicena orbe
	B 2	Staneis	Stahneis		D 3	requies alla	ulla fehlt.
	C 1	servos et	servos	330	A 4	tiro	et tyro
	C 3	ab his	ab his tot		C 5	jamque	et jam
	D 4	ipsi quoque	ipsique	331	B 3	fulgida	florida
318	A 1	Coustantinopoli	Constantiuopo-		E 2	sociosque	et socios
			lis	332	B 5	Ruthardus filius	Rotrordus filius
	D 1	urbis Nicaeae	Niceno orbis			Godefridi	Gosfridi
319	C 1	quicquam	aliquid		D —	etiam hi	etiam fehlt.
	F 3	Podiensi	Podiense		C 5	denso	dense
	G 3	signaque	et signa		F 1	Turcorumque	et Turcorum
320	A 4	Calderon	Calderunc	333	A 1	tradiderunt	contulerunt
	D 5	eorumque	et eorum		A 4	facicus	habens
	G 3	plaustrisque	et plaustris			Explicit liber se-	
325	E 3	sacerdotumque	et sacerdotum			cundus.	fehlt.
326	C 2	vobisque	et vobis	339		Incipit liber ter-	liber tertius.
	C 3	ministrentur	amministrentur			tius.	
	D 3	declives	declivos		A 5	Burgundiones	Burgundienses
	F 5	declives	declivi		B 1	valle	valles
327	A 4	regulas	tegulas		B 3	ac ob	ac fehlt.
	E 5	posse videntes	videntes		C 1	plurimi	plures
	F 1	parci	parcere		C —	quingenti	quingentos

Seite	Zeile	Text des Recueil.	Text des Codex E.	Seite	Zeile	Text des Recueil.	Text des Codex E.
340	C 4	quisque alium	alium *steht zweimal*.		F 3	populique	et populi
				348	A 5	tanquam	et tam
	E 4	deficiente	deficientes (*s nachträglich hinzugefügt*).		B 3	ferocitate	feritate
					D 1	sibi	eis
					D 3	eorumque	et eorum
	F 2	primores	comprimores		F 2	perquirentes	requirentes
341	B 4	sicut	sicuti		F 3	ab Antverpia	ab Antwerp
	G 5	perforavit	transfixit		F —	et Fresia	et Frisia
342	A 4	ferebatur	referebatur		F —	ceterisque	et ceteris
	A 5	ingenti	immenso	349	B 3	a Tharsis, Baldewinus et sui	*fehlt*.
343	B 2	vindicaverit	vendicaverit				
	C 2	effeti	affecti		C 4	Tali modo ejectis	Attritis et ejectis
	C —	necessariorumque	et necessariorum		D 2	Dumque	Dum
					E 5	Tharsum	Tharsim
	E 2	ad quingentos	ad *fehlt*.	350	A 2	Monte Claro	claromonte
344	A 1	parvipendit	parvipendet		A —	omnisque	et omnis
	D 5	sequaces atque	exurgentes et		A 3	sociisque	et sociis
	E 5	aequiparantes	equiperantes		D 1	ambo	ambo coram Domino
	F 2	experirentur	experiretur				
	F 3	cujusque	et cujus	351	D 1	praesidia	predia
345	C 1	cujus	et cujus		G 1	quod	quod et
	C —	magni parvique	magni parvi		G 2	igitur	*fehlt*.
	D 4	considentes	consedentes		G 3	ac fidei	et fidei
	D 5	muneribusque	et muneribus		G 4	suaeque	et sue
346	B 5	portas civitatis	civitatis *fehlt*.	352	B 3	ac descendit	et descendit
	G 3	etiam	et		B 4	ac multis	et multis
347	B 4	Illis igitur	Quibus		D 3	Eufrate	Eufraten
	C 2	occulto	occulte		E 4	introducentes	inducentes
	D 1	oriretur	haberetur		E 5	hospitio	hospitio decenter
	D 5	intra	infra	353	A 3	armorumque	et armorum
	E 3	sicque	et sic		A 4	ac regioni	et regioni

Seite	Zeile	Text des Recueil.	Text des Codex E.	Seite	Zeile	Text des Recueil.	Text des Codex E.
	B 3	possit	posset		F 3	in raptu	in raptione
	B 4	ceteraque	et cetera	359	A 2	exonerantes	exspoliantes
	B 5	possit	posset		A 3	recreant	recreantes
	E 1	quodam	quadam		A —	retinent	retinentes
	E 2	suis pariterque civibus	pariter civibus		A 4	amministrantes	amministrant
					D 2	ceterique	et ceteri
	G 1	Samusart	Samosart; desgleichen später.	360	A 5	principes Godefridum, Boemundum ceterosque	aures principum, Godefridi, Boemundi, ceterorumque
354	A 1	incaute	et incaute
	B 5	multumque	et multam		D 1	murisque	muris
	C 1	salvari ac	salvari et		D 5	ibidem	illic
	C 1	dux valde cis	idem dux illis valde	361	F 1	Redit	Rediit
					A 5	Coustentini	Costentini; desgleichen später.
	D 1	quis vero	vero fehlt.
	D 2	verum etiam	sed etiam
	E 4	etiam	et		C 4	sicque	et sic
355	A 3	salute sua	sua fehlt.		C 5	convenerunt congregati	conventus congregati sunt
	B 1	quos	quas
	C 4	caputque	caput		F 1	cognoscimus	agnovimus
356	H 1	tibique subditos facerem ac tributarios	tibi subditos et tributarios fa- cerem	362	F 2	ultra	non ultra
					A 3	omnibusque	et omnibus
					B 5	at ad	et ad
357	A 4	custodia	custodiam		E 1	resistebant	obsistebant
	D 4	auri argentique	aurique et argenti	364	A 3	eventumque	et eventum
					C 2	vehiculisque	et vehiculis
	E 5	decliva	declivia		C 3	haberet	habet
358	B 1	oppresserunt	suppresserunt		D 1	nobisque vicina	et vicina nobis
	B 5	Udelrardus	Udelardus	365	D 2	peditum	peditum moderantes
	D 1	Arthesia	Artesia
	D 5	muro	muro et		E 2	civitas	urbs

Seite	Zeile	Text des Recueil.	Text des Codex E.
	E 4	Dies quartae feriae illuxit	Dies mercurii erat
366	C 4	senis	semi
	E 2	Wascones et	et Wascoues et
	E 5	Lotharingiis	Lotharingia
368	B 2	autem	vero
	B 3	itaque	autem
	C 4	vixque	et vix
369	C 5	clipeoque	et clipeo
	E 3	magna vociferatione exciverunt	magno fragore vociferationis excierunt
370	A 4	ac loricis	et loricis
	B 4	hacque	et hac
	C 2	alvum	alveum
	C 3	atque cum	ac cum
	D 1	ultra	trans
	D 4	atque	et
	D 5	aliquibusque	et aliquibus
	E 3	augusti	imperatoris
	E 5	ac formositatis	et formositatis
371	A 5	arborumque	et arborum
	B 1	obstupefactos	stupefactos
	C 2	nichilque in eam	nihil in ea
	D 2	recognito capite	capite *fehlt*.
	E 1	scirporum densitatem fragilesque	cirporum densitatem et fragiles
	G 3	scirpos	cirpos
372	A 3	a specula	a speculo
	A 5	singulis	et singulis

Seite	Zeile	Text des Recueil.	Text des Codex E.
	B 4	ex regno	de regno
	B 5	ceterisque	et ceteris
	C 3	atque	et
	D 1	pontemque	et pontem
	D 5	fluvii	prefati fluvii
	G 2	laudesque	et laudes
373	B 5	assererent	astruerent
	E 4	majorum et	majorum ac
	F 4	praecipue	et precipue
	A 5	Flandricusem	Flandrensem
374	C 2	et pecorum universique	pecorum et universi
	C 3	abduxerunt	abdnceutes
	G 2	reducebant	reducentes
375	B 2	Sarracenisque	et Sarracenis
	B 4	atque	ac
	E 3	famisque	et famis
	F 1	decliva	declivia
376	A 1	coactus	coactis
	C 1	eductoque	et educto
	C 5	necem	nece
	F 3	improvise	improvisi
	F 4	Attamen	Sed tamen
377	A 3	tamque	et tam
	C 4	suorumque	et suorum
	D 5	Turcorumque	et Turcorum
	E 1	specula	speculo
	H 1	quoque	*fehlt*.
378	A 1	Crastina	Crastina vero
	A 2	plurimo dolore	plurimos dolores
	B 3	eum	illum

8

Seite	Zeile	Text des Recueil.	Text des Codex E.	Seite	Zeile	Text des Recueil.	Text des Codex E.
	C 2	et filius	filiusque		F 3	dehinc exorta	autem dehinc luce relata
	C 3	haec	hec tandem			luce	
	D 5	vixque ... ac famis	et vix ... et famis		F 4	egressi Explicit liber	fehlt.
379	A 4	inquinamentis	inquinatis			tertius.	fehlt.
	B 1	tonsi	tunsi	389		Incipit liber	
	E 3	afflicto ... ac frequentia	affecto ... et frequentia			quartus.	fehlt.
					A 1	hostibus	fehlt.
	E 5	gravis	gravissima		A 3	ad	festinus ad
380	B 3	montemque	et montem		A 5	provideat	sibi provideat
	D 4	considentibus	consedentibus		C 1	Nicaea	Nicena
	D 5	ac bonis	de bonis	390	C 1	ipsiusque	et ipsius
	E 3	ceterisque	et ceteris		C 4	Sammarthan	Saomarthan
381	B 3	jamque	jam		D 2	major ... et facundia	prior ... ac facundia
	G 3	cognita	aguita				
382	A 2	et Walterus	et fehlt.		F 4	quodque	et quod
	F 1	autem	fehlt.		F 5	inquit	inquam
383	B 5	autem die illu- cescente	vero die relata	391	A 1	tuisque	et tuis
					A —	tuo dono	tui dono
	E 2	comperto et	comperto ac		B 3	tuoque munere	et tui munere
384	A 1	perspiciens ... ac	videns ... et		C 5	minime	nam minime
	B 1	monita	ammonitione		D 1	virtutem	et virtutem
	B 4	porta	portu		D —	militiaeque	et militie
	G 5	cacumine	acumine		E 3	Ilex vero	Ilex vero de Corrozana
385	E 2	eorum	illorum				
	F 2	mediisque	et mediis	392	A 2	pensate ut	pensate et
	G 3	Reimundus ac	Reiemundus et		B 3	Sansadoniae et Buldagis	Sansodonie et Boldegis
386	A 2	sua	sui				
	A 4	ibicibus	hibicibus		D 2	erat vir	vir est
	C 1	eis	eisdem		D 4	nosque	et nos
	D 2	atque	et		F 4	coloribus	colorum floribus

— 59 —

Seite	Zeile	Text des Recueil.	Text des Codex E.	Seite	Zeile	Text des Recueil.	Text des Codex E.
	G 2	quasi	tanquam		F 2	omnisque	et omnis
393	C 2	ac praesidiis	et presidiis	399	A 1	convocati	vocati
	C 3	Foloraca	Foloroca		B 3	obsidione	obsidionem
	D 2	et Pancratii ter-ramque	et regionem Pan-cratli et terram		C 2	et Reimundum	et fehlt.
					D 3	in manus meas	in manu mea
	E 5	sibique	et sibi		D 5	monuero	monuerim
	F 3	inquit	fehlt.		E 1	in manum meam	in manu mea
394	B 4	vehiculisque	et vehiculis		E 2	laboravi	elaboravi
	B 5	maturarent	maturent		F 5	dare	conferre
	C 1	vincti	victi		G 2	in manu mea	in manu mea (sic)
	C 2	Pulsgit	Pulagith	400	B 2	manus	manum
	F 5	Karaget	Karageth		F 5	et sollicito	fehlt.
395	A 5	bellico	belli	401	C 3	aut metu	et metu
	B 1	intentione	intenti		D 1	murosque	muros
	C 4	ceterisque	et ceteris		D 2	sicque	et sic
	C 5	restaurandam	instaurandam		F 3	singulique	et singuli
	D 3	Misit etiam	Misit et	402	A 5	exspectatis	expectantes
	E 2	Nicusi	Nicusii; desgl. später.		B 3	saltem	quidem
					D 3	fortiter	firmiter
	E 3	Godefridus et	et fehlt.	403	A 5	sicque	et sic
	F 1	contradixit	interdixit		B 1	consistentibus	subsistentibus
	G 2	dissidium	discidium		C 5	ascensumque	ascensum
396	C 2	apparatu	parato		D 2	agnita	cognita
	D 2	per dies	diebus		E 2	In qua universos reperientes	Ingressi vero uni-versos in ca re-pertos et
397	F 4	suorumque	et suorum				
398	A 3	fratresque	fratres				
	B 5	igitur	fehlt.		F 2	cornibusque ... et ceteros	ac cornibus ... ceterosque
	E 5	minusque	et minus				
	F 1	Robertus	Robertus et Ro-bertus Nort-mannorum		G 3	abegerunt	abigerunt
				404	B 5	erant et	fehlt.
					C 1	perstrepere	strepere

8*

Seite	Zeile	Text des Recueil	Text des Codex E.	Seite	Zeile	Text des Recueil	Text des Codex E.
405	B 2	tubarumque	et tubarum	410	B 1	grave strage	gravi strage
	G 2	ejusque	et ejus		B 5	ac devia	et devia
406	A 2	universisque	et universis		C 3	ac sui	et sui
	B 3	tesseras	thesseras		C 5	ceterique	et ceteri
	B 4	Geutllium	gentium		E 4	aliquis	fehlt.
	B 5	Feria quinta erat dies	Dies autem Jovis erat		A 3	in assultum	in assultu
					D 2	locata est	fehlt.
	D 3	de Syria	de Syria viri	412	A 4	iu crastinum	in crastino
	F 2	a mulo	a mulo et equo		A 5	ejusque	et ejus
407	A 1	Antiochiam	Antiochie		D 5	tam ea quae	tam ea quam
	A —	iu conspectum	iu aspectu		F 3	cogebatur	cogebantur
	B 5	moenibusque	meuibus		F 4	urticarum	orticarum
	D 1	usque iu	usque ad		G 1	Dux quoque	Dux vero
	D 2	viros	vires	413	A 4	longaque	et longa
	D 3	lacescentibus	lacessentibus		A 5	Ergo turris	quousque turris
	F 3	ejus	illius		F 4	miroque	et mira
408	A 3	quisquam	quispiam	414	A 4	Simeonis	sancti Symeonis
	A 5	percussi et	percussi ac		B 5	quantulumcunque	quantulumque
	C 1	praevertere	persequi				
	D 3	cujusque	et cujus		B —	mutuabant	mutuabat
	E 5	ejus	illius		C 4	portum praedictum	portum predictam
	F 3	tertia die	tertia dies				
409	B 3	utque	et ut		D 2	sicque	et sic
	C 1	possederat	obsederat		E 1	multorumque	multorum
	D 1	afforis	a foris		E 2	sicque	et sic
	D 2	Turcosque	et Turcos		E 4	formido vivendique	deulque formido et vivendi
	D 4	belloque	et bello				
	E 3	plurimisque	et plurimis		E —	atque	et
	E 4	adversus	adversum; des- gl. später.	415	E 4	gratis vos	gratis
					F 2	namque	denique
	G 1	mirabili	murali		F 4	iter	viam

Seite	Zeile	Text des Recueil.	Text des Codex E.	Seite	Zeile	Text des Recueil.	Text des Codex E.
416	A 1	plurimumque	et plurimum		B 4	constituuntur	statuuntur
	B 2	esse eos	eos		C 1	statuta	constituta
	C 2	perquirit	requirit		C 5	Monzuns	Monzons
	F 3	haesitantes ac	hesitantes et		D 1	uni aciei ordini praeesse	uni aciei praeesse
417	A 3	ac virili animo	et virili animo omnia		D—	Dux vero	Dux
	A 4	fratresque	et fratres		E 3	Rodolfus filius Gotfridi	Rotboldus filius Gosfridi
	B 1	magnisque	et magnis				
	C 3	cum	dum		E—	Rotholfus	Rodolphus
	D 3	Turcopolos	Turcopulos; desgl. später.		E—	Montphelir	Montpehlir
					F 3	ordinatis et	ordinatis ac
	E 3	atque	et	423	A 5	acies	legiones
	E 5	congregatum	congregatam		B 3	celerique	ac celeri
	E—	truncatae naris	truncati naris		C 3	Sansadoniae	Sansodonie
	G 4	ut ne unus	ne unus		F 5	fluviumque	et fluvium
418	A 5	ad tantas hostium copias	fehlt.	424	B 4	Nortmannorum	Nortmannus
					C 4	millibus	milia
	C 3	ideoque	et ideo	425	A 4	hominum	hostium
	F 2	omnesque	et omnes		B 5	sueque	et sue
419	A 1	procederet	prodiret		C 3	Godefridus	Godefridus igitur
	C 1	reditum	redditum		C 5	cohortes	choortes
	E 2	assaltuumque	et assaltuum	426	C 1	impetu ac	impetu et
420	A 4	bellumque	et bellum		C 3	hinc et hinc	hinc et abhinc
	F 1	quod etiam	quod et		C 4	totumque proelii	et totum belli
421	C 2	Hoc dicto	Et hoc dicto		D 3	eique	et ei
	D 5	nichilque	et nihil		E 2	infinito	infinito suo
422	A 1	omnibusque jubetur	et jubetur omnibus	427	C 1	palefridum	palefridum nunc
					D 2	in die illo	in die
	A 3	sicque	et sic		D 3	omnibus	omnibus necessariis
	A 4	quarta kal. Julii in vigilia apostolorum Petri et Pauli			D 5	dignus; sed	dignus, quousque
					E 3	annis	in annis

Seite	Zeile	Text des Recueil.	Text des Codex E.	Seite	Zeile	Text des Recueil.	Text des Codex E.
428	A 5	ipsumque	et ipsum		D 5	fratribus	confratribus
	B 1	belli	magni belli		E 3	Princeps autem	autem *fehlt*.
	E 4	et voce	ac voce		F 4	in manu	in *ist ausradiert*.
	F 3	caracteribus	carectis				
	F 4	coriisque	et coriis		F 5	sedemque	et sedem
	G 1	plurimo	plurima	439	A 4	vehementi	vehementer
429	B 2	quae etiam	que et		B 1	filiumque	filium
	B 4	tot tamque	tot et tam		B 2	recusaverunt	interdixerunt
		Explicit liber quartus	*fehlt*.		C 1	christiani exercitus	christiani *fehlt*.
434		Incipit liber quintus	*fehlt*.		C 2	auxilii vestri immunes	auxilio vestro immunes
	A 2	plurimumque	et plurimum		D 1	ultra	non ultra
	D 2	suaeque	et sue		D 4	ceterique	et ceteri
	E 5	quomodo	quoniam		F 5	ac postremos	et postremos
	G 2	ex Turco	et Turco	440	B 2	illis	sibi
435	A 1	Hugo autem	Hugo vero		B 5	christianorumque	et christianorum
	B 2	omniumque	et omnium				
	D 5	beati Petri	Petri		D 1	ac pace	et pace
	E 4	mortalitatisque	et mortalitatis		D 4	principibus	de principibus
436	B 2	princeps igitur	princeps vero		E 2	et plures	pluresque
	D 5	manusque	et manus		E 5	Turbaisel	Turbaysel vel Bersabee
437	A 1	contrahit atque	contrahit et				
	B 5	ejusque	et ejus	441	A 4	servientes	deservientes
	C 5	atque ad omne	et ad omne		B 2	eorumque habitatoribus	et eorum inhabitatoribus
	E 4	succurrere prae-	subvenire inique vae		D 5	ac injuriarum	et injuriarum
438	A 3	ac foederis	et foederis		E 1	Christique pauperibus	et pauperibus Christi
	A 4	accepto	suscepto				
	C 1	promississque	et promissis		E 2	Corrovassilii	Corvassilii
	C 5	ejusque	et ejus		E 4	humique	et humi

Seite	Zeile	Text des Recueil.	Text des Codex E.	Seite	Zeile	Text des Recueil.	Text des Codex E.
442	C 4	eorumque	et eorum		B 1	duo	duo vero
	D 2	ac dominum	et dominum		D 2	redarguit	arguit
	E 3	ideoque	et ideo		D 5	in Deo	in Domino
	E —	et die	ac die		E 4	ab eo die Turcos	et ab eo die Tur-
	E 5	tantamque	et tantam			corumque	cos et corum
	F 2	custodiae	custodia	446	A 1	palatium	ad palatium
443	A 5	quodque	et quod		A —	jussu ejus	jussu Balduini
	B 5	duorum	duorum vero		A 3	in civitate	in civitatem
	C 1	consocios	conscios		A 5	in ultionem	in ultione
	C 4	plurimaque	et plurima		C 4	ob cladem	propter cladem
	D 1	virtute praecla-			D 3	Antiochiam	Antiochie
		rus existens	fehlt.		D 5	cohors	choors
	D 3	sic	sic Balduinus		E 2	ne unus quidem	unus superesse
	D 4	eosque	et eos			superesse	nusquam
	E 3	Balas quoque	quoque fehlt.	447	A 4	gravatos	occupatos
	E 6	cor illius	cor Balduini		A 5	Eodem	Eodem quoque
	F 2	perdere posse	posse fehlt.		A —	Bulloniae	Bolonie
	F 3	allocutus	locutus		B 2	carceris	carceres
444	A 3	meosque filios	filiosque		B 3	cunctis	omnibus
	A 4	plurimam	plurimam		D 5	strictimque	et strictim
	A 5	tradam	trado		F 2	videndum	videndum et dis-
	A —	suscipiendum	suscipiendum				cutiendum
			tibi		F 3	protulere	protulerunt
	B 5	castra	castro		F 5	ac densitate	et densitate
	C 2	suaeque	et sue		G 2	divinaeque	et divine
	C 5	Bala	Balam	448	A 3	minuique	et minui
	D 1	intraret ac	intraret et		C 4	ascenderunt	descenderunt
	E 2	obside fiducia-	aliqua fiducia vel		C 5	Turcos et	Turcos
		liter	obside		D 4	fretam	fuetam
	E 3	plurimumque	et plurimum		D 5	Deinde	Dein
445	A 1	serisque	et seris		F 1	frater ejus	ejus fehlt.

Seite	Zeile	Text des Recueil	Text des Codex E	Seite	Zeile	Text des Recueil	Text des Codex E
	F 2	detinebat	obtinebat		C 5	utrum ea	utrum lancea
	G 2	comitisque	et comitis		F 4	ferre	sufferre
	G 4	sicque	et sic	453	B 3	urbem ipsam	urbem Antiochie
449	A 3	aliisque	et aliis		B 5	Albarae	Albarre
	B 2	detulerat	adtulerat		D 5	ceterisque	et ceteris
	B 4	piscosique	et piscosi		D —	reciperet	acciperet
	B 5	Antiochia	Antiochie		E 1	idem	Reimundus
	C 2	adhaerentibus sibi	adolescentibus suis		E 3	atque	et
					F 1	cunctisque	et cunctis
	C 3	haud segnius	non segnius		F 5	Arcas	ad Arcas
	C 5	Tandem dux et sui	Dux namque suique tandem	454	A 3	omniumque	et omnium
					A 5	defensatus	defensus
	D 2	eorum	illorum		B 2	sic	et sic
	D 4	ceterisque primoribus ac	et ceteris comprimoribus et		B 4	at	sed
					C 3	atque	et
	E 4	urbe Antiochia	urbe Antiochie		C 5	dux vero	et dux
	F 2	et Boemundi	et fehlt.		D 2	omnique	et omni
450	A 3	quarta nonas Februarii	in purificatione sancte Marie		D —	spacio	spacium
					F 1	duorum	duum .
	B 4	universique	et universi	455	A 1	enim	etiam
	E 4	a Turcis	plurimi a Turcis		B 1	Godefridus	Godefridus illuc
	E 5	dispersisque	et dispersis		B 2	commonito	ammonito
451	B 3	acriter	atrociter		B 4	constrictus	astrictus
	B —	seseque	ac se		B —	Abhinc	et abhinc
	B 4	gladio	in gladio		B 5	omnibusque	et omnibus
	E 1	ejusque custodiae	et ejus custodia		C 2	erant odium	odium fehlt.
					C 3	animum ducis	iram ducis
452	A 3	dampnumque	et damnum		C 4	sicque	et sic
	B 2	atque	et		D 1	formosique	et formosi
	B 4	in his vel in arce in menibus, muris consisterent	et arce essent		D 2	ac secum	et secum
					D 3	quo placato et	et eo reconciliato

Seite	Zeile	Text des Recueil.	Text des Codex E.	Seite	Zeile	Text des Recueil.	Text des Codex E.
		—	—				Nldon
		reconciliato ce-	et placato cete-		D 5	Sagitta	Sagitta
		teros in beui-	ros in benivo-		F 5	compressissent	oppressissent
		volentiam posse	lentiam et con-	459	A 2	planctusque	et planctus
		redire ac con-	cordiam redire		A 3	nobiliorem ac	nobiliorem et
		cordiam			A 4	dextersque	et dextera
455	D 4	vero	autem		A —	tacto ac	tacto et
	D 5	hinc inde	hinc et abhinc		B 2	tumore libera-	tumore et ardore
	D —	effecti	facti			rentur utrique	liberarentur
	E 4	atque	et		D 2	ab eis	ab his
	F 2	etiamsi	si etiam		D —	hodiernum diem	hodibernam
	F 3	queat	possit				lucem
	F 4	in Jherusalem	Jherusalem		D 5	ultra terminum	trans terminum
456	A 1	conclusi	inclusi			moras faceret	moram fecerit
	A 5	seu	aut		E 3	reperto	recepto
	B 5	etiam	fehlt.		E —	abhinc ergo	et abhinc
	C 1	diuturno quoque	etiam diuturno		F 1	arcuato opere	opere fehlt.
	C 4	consederant. Co-	consederunt.		F 2	rivum in origine	rivi in origine
		mes ergo	Comes autem			sua tantum	sui in tantum
	E 2	rebusque	et rebus			procreet ut	ut
	E 3	sicut	sicut fecerunt	460	B 1	inhabitabant	habitabant
	E —	aliisque	et aliis		B 3	incursari	occursari
	F 4	Dein	et		C 1	praeterierunt;	Judeorum prete-
	G 1	indurescat	indurescit			eademque	rierunt et ea-
457	B 3	ipsorum	eorum				dem
	E 1	qua relicta juxta	qui relicta ea Gi-		D 3	quippe dies com-	dies illic commo-
		promissionem	bilot juxta pro-			morantes ibi-	rantes et sab-
		suam	missionem			dem sabbatum	batum sancti
458	A 1	semitas	semitam			sanctum	
	A 5	offensione	offeusione pedis		D 5	celebraverunt	celebrantes
	C 3	in hunc modum	in hoc modo		E 4	praefatos	predictos
	D 1	donisque	et donis				

9

Seite	Zeile	Text des Recueil.	Text des Codex E.	Seite	Zeile	Text des Recueil.	Text des Codex E.
461	A 2	Sic	Sic ergo	463	A 2	descendente	descendenti
	A 3	erat	est		B 3	a reversis	et reversis
	A 5	artusque recreandos	et recreandos artus		B 4	Illi eas	qui has
					C 2	essent	adessent
	B 2	fecerunt	facientes		C 3	perpessi	passi
	B—	plurimoque	et plurimo		D 1	ymnorumque	et ymnorum
	B—	etiam	fehlt.		E 5	gentilium	ac gentilium
	B 4	facerent agrorum vinearumque	facerent fehlt; agrorum et vinearum	464	G 3	Conans	Conens
					B 2	locata	collocata
					B—	exploratisque	et exploratis
	B 5	exorta	relata		B 4	custodiam	custodias
	C 3	statuerunt. Sed illo in loco	et illic hospitari statuerunt. Sed eo in loco	467		Explicit liber quintus. Incipit liber sextus.	fehlt. liber sextus
	C 4	tria	duo				
	D 1	verum etiam	sed		A 4	lacescentes	lacessentes
	D—	attulere	attulerunt		A—	abintus	et abintus
	E 2	sanguineamque ejus	et ejus sanguineam		B 1	attritique	et attriti
					B 4	exteriores	exteriores urbis
	E 3	eclipsim	eclypsi		B 5	sciderunt	sciderunt
	E 4	affirmabant	fehlt.		C 3	foret	esset
462	A 4	domini	fehlt.	468	C 3	operas	et operosa
	B 1	Christianorum	peregrinorum		C 5	oras	horas
	B 3	compertoque Christianorum periculo	ac periculo christianorum comperto		D 5	in Jherusalem	ad Jherusalem
					E 3	fratribus	confratribus
					E 5	consolatione	confratres ex consolatione
	D 4	eorumque	et eorum				
	E 1	universique	et universi		F 1	et cum	et fehlt.
	E 2	pusilli	parvi	469	A 1	et Sarracenos	et fehlt.
	E 3	artasque	et artas		B 1	foret	esset
	F 5	appropinquautium	propinquantium		B 3	vocare	revocare
					C 4	posuerunt	apposuerunt

Seite	Zeile	Text des Recueil.	Text des Codex E.	Seite	Zeile	Text des Recueil.	Text des Codex E.
	D 1	tertia feria	in die Martis		B 3	peregrini vero	vero fehlt.
	E 5	de qua tamen	tamen fehlt.		B 5	urbem	et urbem
470	B 3	exercitus	exercitus interdum		D 2	civitatis jam	jam fehlt.
					D—	studioseque	et studiose
	B—	licet	licet ex		D 3	atque	et
	B 5	vinique	et vini		E 1	quod	quatenus
	C 1	vero	vero et		E 3	rursumque	et rursum
	C 3	primatibus	primoribus		F 1	super hoc	super his
	D 4	atque	et		F 3	ejusdem noctis	ejusdem fehlt.
	D 5	insisterent	persisterent		F—	vel a	a fehlt.
	D—	ac Sarracenis	et Sarracenis	474	A 1	nulloque	et nullo
	E 3	et sexta	et in sexta		A—	aut latebra occultatus	fehlt.
	E 5	suos	suos pater noster				
471	E 2	silicis quoque	et silicis		A 5	incumbente	incumbenti
	E 4	paleaque	et palea		C 1	denique	vero
	F 2	moenibusque	et menibus		D 2	ceterasque	et ceteras
	F 5	funesque	et funes		D 4	nimio ejus	nimio corporis
472	A 5	atque	ac		E 4	impugnare	expugnare
	B 1	pertransiens	pertransiens muros civitatis	475	F 3	earum	in earum
					A 3	obstupefacti	stupefacti
	B 2	nec ultra	non ultra		A—	inopinato excidio	fehlt.
	B 3	cereoque	et cereo		A 5	inventus est	est fehlt.
	B 5	aut	et		B 1	ac cives	et cives
	D 5	Litholfom	Litholdum, desgl. später.		B—	lacesseret	lacesceret
					B 3	protegente	auxiliante
	E 2	Ducem ergo	Ducem Godefridum		B 4	vimineisque	et vimineis
					B 5	fortiter	fehlt.
	E 4	In arce igitur	In arce vero		D 3	mangenasque	et mangenas
473	A 2	stupefacti et	stupefacti ac		E 1	poterant	poterat
	A 4	ac pugna	et pugna	476	A 2	machinas	mangenas
	B 1	civitatem	urbem		A 4	ferire non	non fehlt.

Seite	Zeile	Text des Recueil.	Text des Codex E.	Seite	Zeile	Text des Recueil.	Text des Codex E.
	B 1	nimium	nimiam		C 4	trucidabant	trucidantes
	C 1	adversum	adversus		C—	obruebant	obruentes
	D 1	saevius	sevius et		D 1	vel qualibet	aut qualibet
	D 2	ejusque	et ejus		D 4	spoliis atque	et spoliis
	D 3	magnique	et magni		E 3	oratorio deco-	ad decorandum
	E 3	perfectoque	et perfecto			rando	oratorium
	E 5	hastis	hastisque		E—	quem thesaurum	thesaurum fehlt.
	F 2	murum et ma- chinam hoc	muros; et machi- nam hoc fehlt.	480	A 2	opus	opus regis
					A 4	templumque	et templum
	F 4	habitantes	habitantes sic		B 2	secundum vocem	ad vocem
	G 3	superinjectum	super robur in- jectum		B 3	reliqueretur	remaneret
					D 4	videlicet	eo videlicet
	G 4	sic	et sic		B—	Salomon	Salemon
477	B 1	jam deintus	abintus		D 1	illic	et illic
	C 2	atque	et	481	A 4	ejusque	et ejus
	C 5	manebant	erant		B 2	nimia	nimium
	C—	missis	immissis		C 1	universoque	et universo
	C—	cum virtute	in virtute		C 5	indutus	fehlt.
	E 2	ac media	in media		C—	cum humilitate	in humilitate
	F 1	atque	et		D 2	sepulchro	ad sepulchrum
	F 2	pariter	fehlt.		D 5	proposito	desiderio
478	D 2	habentes ea	fehlt.		E 2	suique	et sui
	D 5	ut etiam	quod etiam		E 3	ac saepe	et sepe
	C 2	invaderent	invadebant		E—	cordis	animi
	E 3	fornacei	fornicati		E 4	in hunc modum	in hoc modo
	F 4	caecoque	et ceco		F 4	per quam	per quem
479	A 1	quippe	vero		F 5	sic	et sic
	A 3	ad adaquandos	ad aquandos	482	A 1	ac pulsare	et pulsare
	A 5	templique	et templi		A—	ista visio	hoc visio
	C 2	confoderunt	confodientes		A 3	ad aulam	aulam
	C 3	muris vel	muris aut		B 5	humilitate	voluntate

Seite	Zeile	Text des Recueil.	Text des Codex E.	Seite	Zeile	Text des Recueil.	Text des Codex E.
	C 2	quia	nam		D 4	christianitatis-	et christianitatis
	C 4	Antiochiae sub-	et ab Antiochia			que	
		tractus est	subtractus		D 5	ipsorum	eorum
	D 1	sanctorum mensa dignus fuit participare	mensam sanctorum gustare dignus fuit	486	E 2	crudeli nece	crudeliter
					B 3	atque	et
					C 3	statimque	ac statim
	D 2	ipsius	illius		D 5	ipse tibi	fehlt.
	D 3	fortiter	fehlt.		D —	et benedictionem conferat ut	fehlt.
	D 4	lampade	lucerna				
	D —	reaccensa	reaccensa est		E 3	expergefactus a somno surrexit	fit expergefactus
	D 5	sicque	et sic				
	D —	insuper illius	et illius	487	A 4	episcopi ac	episcopi et
	E 4	Post haec	Post hec vero		A 5	post eum instituerint Christianique	post illum insitereut et christiani
	F 1	eadem	eadem jam				
483	A 2	quae est Idus Julii	fehlt.		B 1	fuerint	fierent
	C 3	succensus	accensus		B 2	verum	sed
	C 4	his	in his		B 4	At	Verum
	D 2	jugoque	et jugo		B 5	desperatique	et desperati
	D —	modo	nunc		C 5	urbem sanctam	sanctam fehlt.
	E 1	sicque	et sic		D 2	moenia	et menia
	E 5	die	luce		D 3	gloriosissime	fehlt.
484	A 3	pepercerant	peperceruut	488	B 1	passus	et passus
	A 4	detruncabant	detruncantes		B 2	suisque	et suis
	A —	obruebant	obruentes		C 2	cum eo	cum illo
	B 2	debachantes	bachantes		C 4	aufertur	deletur
	C 4	lacerisque	ac laceris		C 5	multisque	et multis
	D 2	innumerabilis	fehlt.		D 2	Horum	Horum vero
	D 4	capta et victa suisque	urbs victa et suis		D —	populique	et populi
					F 1	processione honorifica	in processione sancta
485	C 2	custodia	custodie				

Seite	Zeile	Text des Recueil.	Text des Codex E.	Seite	Zeile	Text des Recueil.	Text des Codex E.
489	A 2	'ymnorumque modulatione ferre et ibidem	ymnorum; das Uebrige fehlt.		A 2	armorumque	et armorum
					A 3	dein	ac
					A 5	constitueriut	statueriut
	A 4	acceptumque	et acceptum		B 2	ac custodem	et custodem
	B 1	Godefridus quoque	et Godefridus		B 5	censuerunt	decreverunt
					C 1	ita	itaque
	B 2	ejusque	et ejus		C 3	omuique	et omui
	B 3	sanctaeque	et sancte		C 4	ac laetitiae	et letitie
	B 5	enim	autem		D 3	cunctisque	et cunctis
	C 3	quippe	enim idem		D 4	atque	ac
	C —	et fidelis	et fehlt.		E 3	dolore	iu dolo
	C 4	duci	eidem duci		E —	et dispersa	ac dispersa
	C —	ceterisque	et ceteris		F 5	quo magis	peregrini magis
	D 5	atque	et	492	A 3	truncatus	truncatis
	E 1	sicque	et sic sancta		B 1	ceterisque	et ceteris
	E 4	ideoque	et ideo		C 2	ac voce	et voce
	E 5	inveniretur talis qui ad hoc pontificale officium foret idoneus	talis reperiretur qui hoc pontificali officio esset diguus		D 2	varius sit	varius fuerit
					D 2	atque	et
					D 5	praesentisque	et presentis
					F 3	paradiso	paradysum
490	B 3	christianisque	et christiauis		F —	idcirco	et Idcirco
	B 4	signum fratres dum	signum et souum mox fratres cum		F 4	quia	cum
					G 1	nobis	fehlt.
					G 2	adversus cuucta	contra omuia
	C 1	hujusmodi	hujuscemodi	493	A 5	perennis	perhennis
	C 3	fama	fama exercitus		C 5	concupiscentia	concupiscentia
	D 3	arena	harena				aut raptio
	D 5	omnemque	et omnem		D 1	clipeorumque	clippeorum
	E 2	Azopart	Azoparth		D 2	et vehementi	ac vehementi
	E 4	statuerunt	decreverunt		D —	attoniti	attoniti greges
491	A 1	comperta	audita		D 5	atque	ac

Seite	Zeile	Text des Recueil.	Text des Codex E.	Seite	Zeile	Text des Recueil.	Text des Codex E.
	E 3	Publicanorumque	Publicanorum		B 2	belli repetiti	repetiti belli donec
	E 4	denumerare	dinumerare		C 3	fugiendi	et augustia fugiendi
494	A 3	pecudibus	armentis				
	A 4	sinistris	a sinistris		D 5	foliorumque...	et foliorum... et vel
	B 3	portas	portam				
	B 4	Gallosque	et Gallos		E 3	plurimumque	et plurimum
	B —	post terga	in terga		E 4	pridie idus Augusti mensis	mense Augusto
	C 2	cordaque	et corda				
	C 3	instanti	instante	497	A 1	Aethiopiae	Ethyopie
	D 1	Universi	et universi		A 2	in aperta	in aperto
	D 2	pari animo	pariter		B 4	exercitui	exercitui suo
	F 1	consummantes	consumentes		B 5	victi et	victi ac
	F 5	innumerabilia	et innumerabilia		C 1	in templum	in templo
	G 1	Tandem	Dum tandem		C 4	atque Mernio	ac Mernius
	G 2	contritis	attritis		C 5	cum tota	cum omni
495	A 5	contulere	contulerunt		D 1	buflis, asinis	buflis et asinis
	A —	ut perspexerunt	videntes		D 2	hircis, bovibus cunctisque	hircis et bovibus et omnibus
	B 2	victoriosisque	et victoriosis				
	C 2	cohortibus	choortibus		E 2	Ascalonis	Ascalone
	E 4	gravi	et gravi		F 1	plurimumque	et cum plurimum
	E —	totamque	totam	498	A 1	cives ac	cives et
	F 1	illorum	christianorum		A 3	omnique	et omni
	F 2	obcaecati	obcecati		A —	Ducem cum suis	ducem suosque
496	A 1	adhortatus	hortatus		B 3	Assur	vel Arsit Assur; *desyl. später.*
	A 2	vestrae converterentur	vestra converteretur				
	A —	vestri	nostri		B 5	recentique	et recenti
	A 5	Dixit et medius perrumpeus acies	hoc dicto medias perrumpit acies et		C 1	urbem in manu ejus redditurus	civitatem reddere in manu ejus
					C —	plurimas etiam	etiam *fehlt.*

Seite	Zeile	Text des Recueil	Text des Codex E.	Seite	Zeile	Text des Recueil	Text des Codex E.
	C 3	comperto	audito		C 1	foedusque	et fedus
	D 4	flumen	fluvium		C 5	ac imperatori co- mitique	imperatori ac co- miti
	D 5	principi ceteris- que	comiti et ceteris		D 1	qui illum	qui Boiemundum
	E 4	ammonuitque so- cios ut Reimun- dum in castris	sociosque ammo- nuit quatenus Reimundum in castris subito		D 2	in victoriam Dei	in victoria; Dei fehlt.
					D 3	nullaeque	et nullam
					D 5	Dagobertus	Dagubertus
	F 1	lorica	sociis ammoniti lorica		E 1	christianorum peregrinorum	christianorum fehlt.
499	A 5	in cunctis	in omnibus		F 5	totique	et tot
	B 2	collocata	collata	502	A 2	atque in ea	et in ea
	B 4	ammoneant	commoneant		C 3	eosdem etiam	et eosdem
	B 5	dubitent; sibi	dubitent; sed sibi		D 2	hosque	et hos
	C 3	ceterisque	et ceteris		E 1	ideoque	et ideo
	C 4	obsides	obsidem		E 4	Hierosolymita- rum	Jherosolimitano- rum; desgl. spliter.
	C—	ipsique pariter ab eodem Duce	et ab eodem duce pariter				
	D 3	Duce quoque	duce vero		E 5	reperientes	repererunt
	D 5	reliquis etiam	et reliquis		F 1	aperuerunt	aperientes
	F 2	gentes urbesque eorum	gentes et urbes earum	503	A 1	Laodicia	Laodicie
					B 1	ejusque	et ejus
500	A 2	Gibel	Gybel		C 2	commonitionem christiani exer- citus. Sic	commotionem exercitus chri- stianorum, ac sic
	A 3	opulentissimam	opulentam				
	E 2	Quare	Unde				
	F 2	angustata	angustiata				
	F—	civitas	urbs		C 5	viresque	et vires
	F 5	Bulonia	Bolonia		D 1	ac principes	et principes
	G 1	praefatis	predictis		D 3	confratrum	et confratrum
	G 3	Fresia	Frisia		D 5	omnis	tota
501	A 3	urbem vero	urbemque		E 2	tubarumque	et tubarum

Seite	Zeile	Text des Recueil.	Text des Codex E.	Seite	Zeile	Text des Recueil.	Text des Codex E.
	E 4	siquidem	quidem	508	A 1	o dux	o dux vir
504	B 2	fratres quoque	fratresque		A 2	Ideoque	et ideo
	B 3	caritatem	karitatem		A 3	ac gravi	et gravi
	B 4	in unitatem et dilectionem	in concordiam et karitatem		A 5	o Gerharde	Gerarde; o *fehlt*.
					D 5	cernentes	videntes
	B 5	Etenim statuto	ac statuto		E 2	qui minime	que minime
	C 1	duos comites Reimundum et	comitem Reimundum ac		E 4	atque cives ... Hoc dicto ... mangenellis	et cives ... et hoc dicto ... mangenis
	C 2	penitus exclusum. Sicque	exclusum et sic	509	B 2	cum habitatoribus	cum inhabitatoribus
	D 2	ad terram ... At	usque ad terram ... sed		C 5	itaque	itaque Godefridus
	D 3	urbes	et urbes		D 2	ac plurimos	et plurimos
		Explicit liber sextus.	*fehlt.*		D 4	ac firmandam	et firmandam
					E 5	urbem hanc	civitatem hanc
507		Incipit liber septimus.	Liber septimus.		F 4	placabilem quia	placabilem et adjutorem audibilem quia
	A 2	reditus	redditus				
	A 5	evasere custodiam	custodiam evaserunt	510	A 2	circa Assur	circa Assur vel Arsyth
	B 1	ceterique	et ceteri		B 3	Idcirco	Et Idcirco
	B 1	Montphilir	Montpehlir		B 4	cunctorumque	et omnium
	B 2	Wicherus	Wikerus		B 5	cohortatus	adortatus
	B 3	universi	et universi		C 2	Rursum	ac rursum
	B 4	igitur	itaque		D 2	Haec autem	Hec vero
	B 5	spacio septem ebdomadarum summo studio	spacio sex ebdomadarum; summo studio *fehlt*.		D 4	cives etiam	et cives
					F 1	ideoque	et ideo
					F 4	et purpureum	et *fehlt*.
	C 2	Illi vero	cives vero		G 1	Unus erat dolor, pereuntium, nulla quies	*fehlt*.
	C 3	Sed frustra	sed tandem frustra				

10

Seite	Zeile	Text des Recueil	Text des Codex E.	Seite	Zeile	Text des Recueil	Text des Codex E.
511	B 1	improviso	improviso eis		D 2	statimque	ac; statim *fehlt.*
	B 5	Sic	et sic		D 3	urbemque tuen-	et tuendam ur-
	C 3	Antiochiae	Autyochie			dam	bem
	D 4	datisque	ac datis		D 5	gravaretur	gravaretur et ad-
	E 3	nimioque	et nimio				versus suos in-
	F 1	conqulsitis	adquisitis				dignaretur
	F 2	collatione potius	sed potius collec-		G 2	Armigeros au-	Armigeros vero
			tione			tem	
512	A 4	quam in argento	iu *fehlt.*		G 3	graviter	graviter eos
	A —	a cunctis	a *fehlt.*		G 4	Armigeri vero	Armigeri autem
	B 2	caritatis causa	dono et causa ka-	514	A 3	Assur	urbis Assur
		dono	ritatis		B 1	Comperta	comperta autem
	B —	quem ille	quem Daibertus		B 2	centum	centum et
	B 5	Baldewinumque	Baldvinum		C 3	Illis vero	Illis ergo
	C 1	sicque	et sic		D 2	omnesque	et omnes
	C 3	Hierosolymita-	Jherosolymitane		D 3	Tandem	Sed tandem
		nae			D 4	praedamque	ac predam
	C 4	civitatis Rama	de civitate Rama		E 2	Babyloniorum-	et Babyloniorum
	D 2	Epiphaniae	Epyphanie Do-			que	
			mini		E 5	obtulit	contulit
	E 1	Baldewinus et	Baldvinus	515	A 2	ceteras urbes	ceteras civitates
	E 3	Godefridus	ac Godefridus		A 3	vulgariter	et vulgariter
	E 4	Rohas reversi	Rohas vel Edis-		A 4	dirutam	derutum
			sam regressi		A —	murisque consti-	et muniri muris
	E 5	mediante	mediato			tuit muniri	constituit
513	A 2	mortis	timoris		B 1	Firmata igitur	igitur *fehlt.*
	B 1	in vineis	in *fehlt.*		B —	Japheth	Jafeth vel Joppe
	B 3	egressos	ab urbe egressos		C 2	forent; Christia-	sint, et christia-
	C 1	uxoribus eorum	oxoribus illorum			norumque	norum
	C 3	universique	et universi		C 4	Ptolomaida	et Ptolomayda
	C 4	miserunt	direxerunt		D 1	Jherusalem	in Jherusalem

Seite	Zeile	Text des Recueil.	Text des Codex E.	Seite	Zeile	Text des Recueil.	Text des Codex E.
	D 5	secure	securi		G 1	egregii	tam egregii
	F 2	reditibus	redditibus	518	A 2	sexaginta milites secum habens	cum sexaginta tantum militibus
	F 4	Gentium	gentilium				
516	C 2	Affrica	Africa		A 3	praedas	et predas
	C 5	et ammiraldum	et inter ammiraldum		A 5	et duo	et fehlt.
	D 1	pacifice	Jherusalem pacifice		B 2	oculis ipsius ... probus	oculis illius; probus fehlt.
	D 3	magis de die in diem	magis ac magis		B 4	ducisque	et ducis
					B 5	aliquod	aliquot
	E 5	in remuneratio- nem	in remuneratione		C 4	auri et	et fehlt.
					D 1	Deinde transactis aliquantis diebus	Post aliquot deinde dies
517	A 2	Dux idem	idem fehlt.				
	A 4	petens	querens				
	B 1	solvere	sibi solvere		D 3	vel consensu	et cousensu
	B 3	et undique praeda inuumerabili	predaque innumerabili undique		D 5	aut argentum vel	vel argentum et
					D —	se servare	se fehlt.
	C 3	viribus illorum fretus	eorum viribus; fretus fehlt.		E 2	sextum autem ... arripuit	autem fehlt; apprehendit
	C 4	pinguique	et pingui		E 3	Istorum	llorum
	D 2	in auxilium. Jam	ad auxilium, sed jam		E —	cruentissima	crudelissima
					F 1	adversus interfectores fratrum	fehlt.
	D 4	Tancredo vero	Tancrado; vero fehlt.				
	E 2	Utrinque	et utrinque		F 2	regiones	regionem
	E 5	commiserat	commiserit		F 5	renuit	renuuit
	F 3	persecuti sunt et cum eo sagittis commiserunt	persecuti cum eo sagittis commiserint	519	A 1	confirmato	firmato
					A 2	Caesariam	Caesaream
					A 4	contradicens	interdicens
	F 5	unus quidem ex eis	unus eorum		A —	divertensque Joppen	ac Joppen divertens

10*

Seite	Zeile	Text des Recueil.	Text des Codex E.	Seite	Zeile	Text des Recueil.	Text des Codex E.
	B 2	Cognito autem	Tandem cognito	522	A 4	cum tota	cum omni
520	A 1	donante	dante		A 5	sui quoque	sed sui
	B 4	Tancredus vero	vero *fehlt*.		B 3	omni	animi
	D 1	quantulumcun- que	quantulomque		B 4	abstinere	abstinere, sed omni conatu eam oppugnare
	D 5	Et post	ac post				
	E 4	quatuor dies ... Warnero	quatuor deinde dies ... War- nerio		C 1	aequiparari	equiperari
					C —	festinanter	festinanter Tan- cradus
	F 1	Dominici quoque	dominici vero		D 5	in auxilium	ad auxilium
	F 3	athleta	athleta, XV. kl. Julii		E 5	Domini	Dei
					F 1	compositam	oppositam
521	A 2	Graecis et Gen- tilibus	et Grecis, genti- libus	523 524	F 2	ibidemque	et ibidem
					D 1	irruit	incidit
	A 3	Post haec	et post hec		D 3	eo tempore	eodem tempore
	A —	Golgatha	Golgotha		D 5	Armenici ducis, principis	Armenici prin- cipis
	A 4	Warnerus dein- de cognatus, et miles illustris	Sepulto tam no- bilissimo et christianissimo duce Warnero cognatus et mi- les illius	525 526	F 1	amitteret	omitteret
					F 2	cum	illum
					A 1	quem tamen	quem tandem
					B 5	comperto	intellecto
					E 5	Alemanno et	Alimanno et ab
	A 5	Josaphat	Josaphath	527	A 3	suscipere atque	obtinere ac
	B 1	Domini nostri	*fehlt*.		B 3	Rortest	Roitest
	C 1	a mari	a *fehlt*.		B 5	Rohas	Rohas vel Edisse
	D 1	in moenibus ar- mis	in armis et me- nibus		C 1	de obitu	de interitu
					C 4	idem Baldewinus	idem *fehlt*; Bal- duinus de Burg
	D 4	Tancredus enim	quoniam Tan- cradus		D 2	et Baldewino	ac Balduino
	E 2	in beneficio	*fehlt*.		D 4	ducis Godefridi	Godefridi *fehlt*.
	E 5	qua poterat	qua potuit		D 5	cui	Huic

— 77 —

Seite	Zeile	Text des Recueil.	Text des Codex E.	Seite	Zeile	Text des Recueil.	Text des Codex E.
	E 1	custodesque	et custodes	530	A 3	Geneadoil	Geneaduil
	E —	urbem	civitatem		B 4	cernens	videns
	E 4	et sapienter	ac sapienter		C 1	duroque	et duro
528	A 1	cum toto	cum omni		C 2	quadringenti in gladio, lancea et	quadringentos in gladio et lancea et
	A 3	copiosa	universa				
	A 5	decrevisset	decrevissent				
	B 1	enim	etenim		E 1	mellitique	et melliti
	B 4	vitaeque	ac vite		E 2	Tauns	Tabuus
	C 3	reperit	repperit		F 4	Geneadoilque	Geneadolque
	C 5	et dilapsus	ac dilapsus		G 2	a Christianis	a Balduino
	D 1	ideoque	et ideo		G 5	eis	fehlt.
	D 3	in Domino Deo	Domino fehlt.		H 2	Gibilotque	Gybelotque
	F 1	Gibel	Gybel	531	A 1	Ptolomaidam	Ptolomaydam
	F 3	Tripolim	Trypolim vel Triplam		A 3	Sic	et sic
					A 4	moratus est	pernoctavit
	F 4	jucunde	jocunde		B 1	ejusque	et ejus
	F 5	innotuit ei	ei fehlt.		C 2	Falchenberch	Falkenberch
529	A 1	diversisque	et diversis		D 3	fortuito	fortuitu
	A 3	Baldewinus	Balduinus autem		E 1	atque Cayphas	et Cayphas
	D 3	Turcorum et	et fehlt.		E 2	commixtisque	et commixtis
	D 5	manus a praelio continuerunt	a prelio arma continuerunt	532	A 3	Caypha	Caipha
					B 1	illic remorati	illic cum eo remorati
	E 3	suis inibi	ubi suis				
	E 5	sicque	et sic		B —	Dein	Post dies autem duos
	F 2	adversi	fehlt.				
	F 3	juxta verbum Baldewini	Balduino juxta verbum suum		B —	clientela et praeda	clientela, cum omni preda
	F 4	Turci et	et fehlt.		C 1	parvis et magnis	magnis ac parvis
	G 1	Geneadoil ... Camolla	Geneaduil ... Camulla		C 4	elemosinas	elemosina
					C 4	esse dispersas	esse fehlt.
	G 3	invaderet	invaderent		C 5	reditibus	reddituibus

Seite	Zeile	Text des Recueil.	Text des Codex E.	Seite	Zeile	Text des Recueil.	Text des Codex E.
	C 5	Ipse autem	ipse vero	534	A 1	secundum quod	interrogati
	D 4	Erat tempus	erat autem tempus			interrogati sunt	
					A 2	deprecantur ut	rogant ut unus
	D 5	Baldewinus	Balduinus rex			alter	
	D —	et parvis	ac parvis		A 3	rediret	fehlt.
	E 3	hoc modo	in hoc modo		A 3	de perplexa	de fehlt.
	E 5	adventu	de adventu		A 4	mirabili	ac mirabili
	F 1	bellisque	et bellis		A —	ac investigabili	atque investigabili
	F 3	sicque	et sic				
533	A 1	Consillia	Ilis consiliis		A —	principis	tanti principis
	A 2	custodia fideli	custodia suorum		A 5	Ingressusque	Et ingressus
	A —	centum quinqua-	ursprünglich		B 1	munera Regis	munera Balduini
		ginta militibus	stand CL; L		B 2	de consociis	ex consociis
			ist undeutlich		B —	in praesentiam	ad praesentiam
			corrigiert;		D 3	is qui	alter qui
			über militibus		B 4	Ducis	Balduini
			ist von späterer Hand		C 1	reservatur	reservatus
					C 3	suo sermone	fideli sermone
			geschrieben		C 4	sodales	consodales
			equitibus		C —	donisque magnificis	donis magnis; que fehlt.
	B 4	At die tertia	sed tertia die				
	C 2	gravemque	et gravem		D 3	et largitate	ac largitate
	D 1	nostrates	nostri		D 4	et missos	ac missos
	D 2	deperire	perire		E 1	minas quoque	minasque Balduini
	E 2	Qui mox hac gentis	Balduinus hac gentis Azopart				
					E —	promissa	promissa ejus
	E 3	experiri voluit	expertus est		E 3	statimque	sed statim
	E 5	qui et coram eo steterunt	coram Balduino assistentes		E —	conspectu illius	conspectu ejus
					E 4	subiere	subierunt
	F 1	si forte	si forte ab eo		E 5	Hunc solum	Hunc igitur solum ex XXX
	F 3	et vestibus	ac vestibus				
	F —	adoruans	adhoruans		E —	honore	honore et amore

Seite	Zeile	Text des Recueil.	Text des Codex E.	Seite	Zeile	Text des Recueil.	Text des Codex E.
	F 1	quem etiam	quem pariter		D 3	praedas	predam
	F 2	eosque ipsa spe	et eos eadem spe captos		E 1	pervenerunt	venerunt
					E 5	corumque	et eorum
	F 3	vanis spebus	vana spe		F 1	Sexto vero die	quousque sexta die
	F —	ducenti	ducenti et				
	F 4	Principia	Balduini	536	A 1	Post montium	Post hec montium
	F 5	tantumque	et tantum				
	G 1	eo quod nullus	et nullus		A 2	pertransierunt	perambulaverunt
	G —	vi seu qualibet arte potuisset elicere	arte vel vi elicere potuisset		A 3	villa quadam opulentissima	villam quandam opulentissimam
	G 2	His	His vero		A 4	rebusque	et rebus
535	A 1	in ultione	in ultionem		A —	de Sarracenis	ex Sarracenis
	A 2	plurimorum	peregrinorum		D 4	praefata	predicta
	A 3	quoniam nullus ad eos ultra	eo quod nullus eorum ultra ad eos		D 5	dactylorum	dactilorum
					E 3	Jherusalem	in Jherusalem
					E 5	solempni	sollempni; desgl. später.
	B 2	matres cum pueris	matres et pueri		F 2	in urbe Jherusalem	Jherusalem fehlt.
	B —	solamen	virtus				
	B 3	dati sunt et divisi	dati ac divisi sunt	537	C 3	suscepit ac	suscepit et
	B 4	alii vero pariter decollati sunt	alii cum matribus decollati		C 4	quamque	et quam
				538	D 2	intra	infra
	C 1	Baldewinus post ista	Post hec Balduinus		D 5	Falchenberch	Falkenberch
					E 5	ut eam susciperet	fehlt.
	C 3	Ibidem dum	Ibidem vero dum		F 2	adversus se	adversus cum
	C 4	intimatum est eis	innotuit eis		F 3	possideret regnum	regnum fehlt.
	D 1	Quod juvenes quidam	Hec quidam juvenes	539	A 2	atque discussionem	et discussionem
	D 2	exercitu	exercitu Balduini				
	D —	precurrerunt	precucurrerunt		A 4	teneramque	et teneram

Seite	Zeile	Text des Recueil.	Text des Codex E.	Seite	Zeile	Text des Recueil.	Text des Codex E.
	B 5	sanciret	sanctiret		A 4	solatiumque	et solatium
	C 1	deponeret	cum deponeret		A 5	Haec autem	autem *fehlt*.
	D 3	Nulla deinceps mora	Non mora dehinc		C 2	sicque	et sic
					C 3	et pecuniam	pecuniamque
	E 3	totius	totius sancte		C 4	omnes vivos	universos vivos
	E 5	quam	quam von späterer Hand in quod *corrigiert*.		C 5	ac de turri David ejectos	et de turri David eductos
					D 1	classis	classes
	F 2	posset reperire	reperire possit		D 4	Qua cum omni celebrata devotione	Hac cum omni religeone (*sic*) celebrata
540	A —	chrisma	crisma
	A 4	ac chrismatis	et chrismatis		E 2	in sicco	in arida
	A 5	Cardinalis in montem	cardinalis Romae in montem	543	E 5	sanisque	et sanis
					B 1	cunctis ut	universis quatenus
	B 2	indutus	est indutus
	B 3	itaque	nempe		B 2	urbs	civitas
	C 1	et viliter	ac viliter		B 4	cunctique	et universi
	C 2	multum resistente	plurimum resistente		C 3	illorum jactantiam	hanc illorum jactantiam
	D 2	gavisus	gavisus est		E 3	urbisque	et urbis
	D —	defectione plurimum	plurima defectione		E —	omnibus	universis
					E 5	ejusque	et ejus
	E 2	neque . . . reperimus	nec . . . repperimus		F 1	ecce	*fehlt*.
					F 4	Isti Laodiciae	qui Laodicie
	F 2	neque rem	nec rem		F 5	ut supra relatum est	*fehlt*.
541	A 4	Paschae	sancti Pasce
	A 5	celebrare	celebrari		G 1	ascenderunt	descenderunt
	B 5	ac sollempne	et sollempne		G 3	in cathedra	in cathedram
	E 3	consensit . . . ejusque	concessit . . . ejus	544	A 2	pro thorace	pro torace
					A 3	manus Christianorum	manus pugnatorum
	F 2	quia nisi	quia *fehlt*.
542	A 1	Regis eorum	regis illorum		A —	Qui duro	sed duro

Seite	Zeile	Text des Recueil.	Text des Codex E.	Seite	Zeile	Text des Recueil.	Text des Codex E.
	A 4	ac sic	et sic		E 3	vel opere	et opere
	B 3	Illic	et illic		F 2	hypocrisin	ypocrisim
	C 4	et ostri	et *fehlt*.		F 4	ita animo obsti-	
	D 1	Azopart	Azopartb			natus erat	*fehlt*.
	E 3	In his diebus	ubi in diebus his	548	A 3	talentom auri	talentum aurum
	E 5	Bodnordis	Boduorgis		A 5	animae suao	anime ipsius
	F 1	relinquens	reliquit		B 3	ceterorumque	et ceterorum
	F 2	Meraius	Meraus		C 3	conticuit	obticuit
545	A 3	atque inter	et inter		D 1	Japhet	in Jafeth
	A 4	ebdomadibus	ebdomadis		D 2	Dein	Quousque
	A 5	ac universa	et universa		D 4	ac retenti	et retenti
546	A 5	aurique	et auri		D —	verberumque	et verberum
	B 2	atque auro dato	et dato auro		E 2	cunctos	universos
	B 5	variisque	que *fehlt*.	549	A 1	propalatamque	et propalatam
	B —	vinum quoque...	quoque *fehlt*...		A 3	qui est	id est
		atque	et		A 4	cum tota	cum omni
	C 1	comessationibus	commessationi-		B 2	regni ejus	regni sui
			bus		B 3	ejusque moenia	ac ejus menia
	C —	regi Baldewino	domno regi		C 1	Mane ergo	mane igitur
	F 2	ac bellorum	et bellorum		C —	Ramnes	Ramnes vel Ra-
	F 3	exsortes	exortes				ma
	F 4	calicem angustia-	calicem ... hoc		C 2	copias	et copias
		rum ... hoc	tempore angu-		C 3	Rex et omnes	rex et universi
		tempore	stiarum		C 5	perspiciens	videns
547	B 2	Dei filius	et Dei filius		D 1	haud	haut
	C 3	michi	mihi		E 2	coadjutoribus	adjutoribus
	D 3	militibusque	et militibus		E 3	Erkenboldus	Erkengoldus
	D 4	regnique	et regni		E 5	diu graviter	graviter et diu
	D 5	Post haec	et post hec		F 1	e medio turbinis	o medio turbine
	E 1	seu minae	et mine			evasit	aufugit
	E 2	ecclesiam etiam	et ecclesiam et		F 5	aestimabant	estimabat
		ejusque	ejus	550	B 1	Ideoque	et ideo

11

Seite	Zeile	Text des Recueil.	Text des Codex E.	Seite	Zeile	Text des Recueil.	Text des Codex E.
	B 3	Haec dicens ... desiliit et	et hoc dicto ... desiliens; et fehlt.		B —	Christique pau- peribus	et pauperibus Christi
					C 1	sepultusque est	sepultus
	C 2	obstant	nobis obstant		C 2	trans loricam	trans loricas
	C 4	Domini nostri	nostri fehlt.	559		Incipit liber oc- tavus	Liber octavus.
	D 3	confessionem ... fecit; corporis ... deinde per- cepta	confessione ... peracta et cor- poris; deinde fehlt.		B 6	ceterique	et ceteri
					C 5	sicque	et sic
				560	A 1	vastaret seu	devasterent aut
	E 3	assuetis	asuetis		A 2	conturbaret	conturbarent
551	B 5	sic uterque	et sic uterque		A 5	De damis	de damis
	C 1	itaque duobus	itaque sic duobus		A —	Andronopolim	Antronopolym
552	A 4	in victoria	in fehlt.		A —	Phinepopolim	Phynepopulim
	B 2	ducentis	fehlt.		B 2	affluenter	fehlt.
	C 4	equites cuncti	equites universi		B 3	Hanc denique	Hanc autem
	E 4	attritis	adtritis		C 1	quodque	et quod
	E 5	milites omnes	universi milites		C 4	Item quod	et quod
	F 1	lignumque	et lignum		D 1	quae in regno	in fehlt.
	F 3	obcaecati	obsecati		E 5	sicuti	sicut
	F 4	perseveraverunt	perduraverunt	561	A 3	Constantinopo- lim	Constantinopo- lys
	F —	Visa quippe	Sed visa		B 1	Civitot	Civitoth; desgl. später.
	F 5	versus Ascalona	versus Ascalo- nam				
553	A 1	opibusque pluri- mis	et plurimis opi- bus		C 5	malleisque	et malleis
	A 2	revera et procul dubio	steht schon A 1 zwischen ubi und lorica		D 1	ad Sanctum Ar- gentum	ad fehlt.
					E 1	primique	et primi
					E 3	Tandem	et tandem
	A 4	ciborumque	et ciborum	562	A 1	et amplius	et eo amplius
	B 1	suique	et sui		A 3	indignationis	indignationis sue
	B 4	decimas	decimam		B 1	inferebat	referebat

Seite	Zeile	Text des Recueil.	Text des Codex E.	Seite	Zeile	Text des Recueil.	Text des Codex E.
	C 4	Attamen	sed		E 5	hostium	hostibus
	D 1	majoribusque	et majoribus	567	A 2	perditionis	perditiones
	D 4	ei credens	imperatori credens		B 2	Alapia	Halapia; desgl. später.
	D 5	solerti	sollerti		B 4	sexta feria	in die veneris
	F 2	prae omnibus	ante omnes		C 2	scilicet feriae	diei veneris; scilicet fehlt.
	G 3	prae cunctis	pre omnibus			sextae	
563	A 4	parat	parans		C 3	et more suo	et fehlt.
	A —	Burgundiae	Borgundie		C 4	totum	subito totum
	D 3	provide	et provide	568	A 1	ceterique	et ceteri
	D 5	incessit ac primus exercitus	et primus incessit exercitus		A 2	et planitie	et a planitie
					B 4	ac confixi	et confixi
	F 1	Baldach	Baldac		C 4	suorum	sociorum
	F 2	sicque	et sic		D 1	Secunda autem feria	Die autem lune
564	D 1	Christianis	peregrinis				
	E 2	multa cibaria	plurima cibaria		D —	mane radiante	mane fehlt.
	E 3	Sic	et sic		E 1	Mediolanensis	Mediolanensium
565	A 2	insidiis	his insidiis		F 1	Alemannos; Bawarios; Lotharingios	Alimannos; Bavuarios; Lothringios
	B 4	vexantes	eos vexantes				
	B —	Tandem	dum tandem				
	C 2	in castra	in castris		F 2	Engelradus	Engelrandus
	D 4	anno diei	sui diei		F 4	ordinaverunt	ordinarunt
	E 1	in sagittis	in fehlt.		F 5	Mediolaneusis	Mediolanensium
	F 4	clipeis	clippeis	569	A 4	dextris	a dextris
566	B 2	aurum nulli prodesse poterat nec argentum	aurum et argentum nemini prodesse poterat		A 5	adversus eos	adversum eos
					G 4	multis suorum prostratis ac sagittis imminutis, bellum	multi suorum sunt prostrati ac sagittis imminuti bellumque
	B 5	cotidie	cottidie; desgl. später.				
	C 4	bacones	baccones				
	D 3	ordeo	hordeo				

Seite	Zeile	Text des Recueil.	Text des Codex E.	Seite	Zeile	Text des Recueil.	Text des Codex E.
570	A 1	fuga dilapsa	fuga delapsa	576	A 4	aliquandiu moram	aliquam moram
	B 4	aut bello	aut a bello				
	C 1	subveniretur	subveuiatur		B 5	assilientes	eos assilientes
	C 4	triginta viros	viros *fehlt*.		E 1	nilque	et nihil
	F 3	Turcopolis	Turcopalis; *des*	577	B 2	obruti	obruti sunt
			gl. später		D 3	signifer erat ex-	erat *fehlt*.
571	A 1	et in populo di-	ac divulgata in			ercitus	
		vulgata	castris	578	A 2	Corrozanam	Corrozana
	A 4	quoniam et	et *fehlt*.		A 3	bella	certamina
	E 3	potnerunt	potuere		E 1	agnoscens	ingemiscens
572	B 4	insecuti	insequuti	579	A 4	Osterrich	Hoisterrich
	C 1	de castris	a castris		A 5	equitum et	et equitum et
	D 1	mirifici decoris	miri decoris		B 3	Guz	Guzb
	D 5	effugerunt	effugerant		C 5	Hardewinus	Harduinus
573	A 3	emeretur	venderetur	580	A 3	usque ad	ad *fehlt*.
	C 2	Constantinopo-	Constantinopo-		C 2	abundat	habundat
		lim	lys		D 5	Phinhninum	Phyniminim
	C 3	Burgundiae	Borgundie	581	A 4	Agimith	Agymith
	C 5	Bardulfus	Bardolfus		B 2	a longe	a longo
	D 3	et ima conval-			B 4	saevissimamque	que *fehlt*.
		lium	*fehlt*.		D 1	ad radices	ad radicem
	E 5	a tertia feria us-	a die martis us-	582	A 1	Bernhardus	Bernardus
		que in quartam	que ad diem		A 4	amissis	omissis
		feriam	mercurii		C 5	Willelmus Picta-	Willelmus de
574	A 5	Walterus de Ca-	Waltcherus de			viensis	Navers, Willel-
		stellens	Castelons				mus Pictavi-
	C 4	fugisse	eum fugisse; eum				ensis
			steht *zweimal*.		D 4	apud eundem	apud eandem
	C 5	auro et	et *fehlt*.		D 5	captivum	in captivitate
575	A 2	qui vocatur	que vocatur	583	A 2	egressi	regressi
	B 2	praeda, rapina	raptione, preda		B 5	in via hac	hac *fehlt*.

Seite	Zeile	Text des Recueil.	Text des Codex E.	Seite	Zeile	Text des Recueil.	Text des Codex E.
	D 5	et per quindecim dies	per *fehlt*.		D 5	ac plorationem	et plorationem
					E 5	incolumem	incolomem
584	A 4	quatinus	quatenus		F 1	audientes	et audientes
	B 1	et traditione ..	et a traditione	595	A 1	lacessendos	lacescendos;
	B 2	ac fideliter	et fideliter				desgl. später.
	D 5	Barzennona	Barzenona		B 1	plurimo assultu,	assultu und ap-
585	A 2	Barzennoua	Barzonona			instrumento...	paratu et *fehlen*.
	A —	Paschalem	Pascasium			apparatu et im-.	
	A 3	excusaret	eum excusaret			petu	
591		Incipit liber nonus.	Liber nonus		C 5	inire	*fehlt*.
				596	A 3	et de ejus morte	de *fehlt*.
	A 5	Falkenberc	Falkenberch		B 4	Cognito	Cognito igitur
	B 3	egregii viri	egregii milites		B 5	Ascalonae ·	Ascalonis
	C 2	Appropinquante	appropiante		C 4	reiteraverunt	iteraverunt
	D 4	ejusdem	ejus		D 4	Hardewerk	Hadewerk
592	A 2	in Jherusalem	in civitatem Jherusalem		E 2	acies adesse	naves adesse
					F 1	tertia feria	dies Martis
593	A 2	brevis statura	brevis in statura	597	A 3	audacter	audaciter
	A 3	Ruvra	Rivira		B 2	die tertiae feriae	die Martis
	C 4	gazela	gozella		D 4	vexareut	fatigareut
	D 3	oppressus est	est *fehlt*.		B —	sexta feria	die veneris, que est VI feria
	E 1	vulneratus	sauciatus				
	E 3	vel equi	et equi		D 2	absorpti	absorti
	E 4	Rorgius	Rorgus		D 4	periisse	perisse
	E 5	acceperat et	*fehlt*.		E 3	Peregrinis	peregrinisque
	F 1	corruisse	cecidisse		E 5	Ante haec omnia	Ante hec autem
	F 2	id est	*fehlt*.	598	B 4	convallem	vallem
	F 3	itemque	que *fehlt*.		B —	Tabariam	Taberiam
594	B 1	Jhesu, confisi ejus	Jhesu et ejus		D 1	illis	studiose illis
	D 4	cam habitantes	cam inhabitantes		D 3	procerum	egregiorum procerum

Seite	Zeile	Text des Recueil.	Text des Codex E.	Seite	Zeile	Text des Recueil.	Text des Codex E.
	D 5	quoque	fehlt.		F 4	Regem	regem Balduinum
	G 1	et orientalis	et universalis		F 4	et plurimum	ac plurimum
599	A 1	itemque	et		G 2	convalescere	convalero
	C 4	et altero	altero fehlt.	604	A 4	venientes, pariter	pariter venientes fortiter
	D 1	et abbatibus	et fehlt.				
	D 3	atqueJherusalem	ac Jherusalem		D 3	conchristianorum	christianorum
600	A 5	Tharsis	Tarsis				
	B 2	Josaphat	Josaphath	605	A 3	et decollati	ac decollati
	C 1	et ceteris	et ceteris culpis		C 1	manerent	permanereut
	D 1	utque ajunt	sed ut ajunt		C 2	et vitam	et vita
	D 2	abducto	reducto		E 2	sed ipsi	sed et ipsi
	E 2	fraternitatis et caritate	fraterne karitatis		E 3	satis et vineis	satis ac vineis
					F 1	Jherusalem	in Jherusalem
601	B 4	apud Sagittam	Sydonem Sagittam		F 2	Gibiloth	Gibeloth
	C 5	exstincta sunt	extincta sint	606	A 1	Gibiloth	Gibeloth
				607	C 1	Evermerus	Evermarus
	D 2	Accaron civitatem	vel Ptolomaidam civitatem Accaron		D 3	a Rege et domno Patriarcha	a domno rege et patriarcha
	D 3	veris tempore	veris temperie		E 5	supellectili	suppellectili
	E 5	Jam enim	auf Rasur von späterer Hand: clam		E —	avaritia vehementer	avaritia vehementi
				608	A 1	praevaricari	prevaricati
	F 3	fortium virorum	fortiorum virorum		A —	et domesticis	ac domesticis
					B 5	nomine	cognomine
602	A 2	et urbem	et urbes		B —	Alberti	Adelberti
	A 3	sulphure	sulfure		E 1	Matthaei	Mathei
	E 3	Acram	vel Ptolomaidam Acram	609	A 2	et reducerent	ac reducerent
	E 4	descendit	ascendit		A 4	quin etiam	etiam fehlt.
	E 5	mensis Julii	mensis Junii		A 5	et secum	ac secum
603	C 5	gladio	gladiis		B 4	secum habens	secum adhuc habens
	C 5	ablato	abjecto				

— 87 —

Seite	Zeile	Text des Recueil.	Text des Codex E.	Seite	Zeile	Text des Recueil.	Text des Codex E.
	C 3	posseut	posset		E 4	Boemundum et	et fehlt.
	E 3	eodem itinere	eodem tramite		G 2	armis	monitis
	H 1	Joppem	Joppen	616	A 5	Solus	solus vero
	H 5	quod Rex	rex fehlt.		B 2	Boemundus et	et fehlt.
610	C 3	comes	comes Reinnundus		E 4	Geigremich	Gegrimic
				617	B 5	seras quoque et	quoque fehlt.
611	D 5	et quoniam	ac quoniam		D 2	Rohas	vel Edissa Rohas
	E 4	eundem Boemundum	cum; Boiemundum ist von späterer Hand nachgetragen.		D 3	fratris nostri	fratris fehlt.
					D—	Geigremich	Gegrimich
					E 4	ascitis	accitis; desgleichen später.
612	D 3	inimicitias, insidias	inimicitie, insidie		G 1	pigritari	pigriteri
				618	A 2	nequeamus	nequimus
	F 3	andierat et suis	audita suis		A 4	nepotis sui	nepotis sui Taucradi
	G 4	direxit	concessi, jedoch unterstrichen; daneben direxit.		D 4	sanguinis	sanguineis
					E 2	Geigremich	Gegermich
				619	A 4	Geigremich	Gegermich
					B 2	Dein	Dein; über ei ist h gesetzt.
613	B 1	quoque et	quoque fehlt.				
	B—	Douimanno	Douimando		B 3	Boemundus et	et fehlt.
	B 4	Donimanuum et	et fehlt.		D 4	Qui	Boiemundus Tancradus
	C 5	conchristianorum civibus	christianorum concivibus		E 1	Boemundus et	et fehlt.
614	D 2	Socomanni	Sochomanni	620	B 1	redditibus	redditibus
	D 2	et deprecans	ac deprecans		C 2	Alexium	Alexim
	E 2	omni populo quem	omni manu quam		C 3	avunculi sui	sui fehlt.
615	B 3	constiterunt	constituerunt		D 1	urbem Antiochiam	urbem Antiochie
	C 2	Boemundus vero	vero fehlt.		D 2	plurimis	ac plurimis
	D 2	velocissimis	rapidissimis				

Seite	Zeile	Text des Recueil.	Text des Codex E.	Seite	Zeile	Text des Recueil.	Text des Codex E.
	D 3	ac strage	et strage		D 4	diu	ac diu
	D —	saturari	satiari		E 3	Ascalonam	Ascalona
	D 4	et viginti	et fehlt.		G 2	Josaphat	Josaphath
	E 1	exercitum ejus	exercitum illius		G 3	ubi et	et fehlt.
	E 2	quantumcunque	quantulumque	626	A 3	Jherusalem	in Jherusalem
	E 3	nuncios	nuncia	631		lucipit liber de-	L. X.
	F 3	confidentes	confidenter			cimus.	
	G 2	exsurgentes et	exurgentesque		A 4	Antwerpiae	Antwerp
621	A 2	fieri disposuit	fieri constituit		B 1	in Jherusalem	in fehlt.
	D 1	et vinctos	ac vinctos		B 2	et facundiores	ac facundiores
	F 1	et minime	ac minime	632	B 5	et viribus	copiis et viribus
	F 4	Tabaria	Taberia		C 5	Tabaria	Taberia
	F —	Guntfridus	Gunfridus		D 3	vel classes	aut classes
	G 1	Cameraco	Cameracho		F 2	et machinas	et ist unter-
622	B 2	Ascalonis	Ascalona				strichen.
	D 1	in sexta feria	in die veneris	633	A 3	habitatorum	inhabitatorum
	D 5	Evermerum pa-	patriarcham		D 2	Suet	Sveth
		triarcham	Evermarum		D 5	sociis ejus	ejus fehlt.
	E 1	omni manu	omni ecclesia		E 2	Philippi	Phylippi
	E —	fidelibus	fratribus	634	B 1	Nazaret	Nazareth
623	B 1	Tum	dum		C 2	principum	procerum
	D 4	et strage	ac strage		C 4	consensit	concessit
	F 3	contradicere po-	contradicere		D 2	atque secum	atque fehlt.
		tuit	portum potuit	635	D 3	feria quarta	die Mercurii
	G 1	illorum	eorum	636	C 3	in equis, lancea	in equo et lancea
624	A 3	Habilin	Abilin			et sagitta	et sagitta
	B 1	in conspectu	ante faciem		F 1	reditus	redditus
	C 3	atque campis	et	637	A 1	innumerabiles	intolerabiles
	F 2	et exterritae	ac exterrite			adeo et intole-	adeo; innume-
	G 2	quam mox	Hanc mox			rabiles	rabiles fehlt.
625	C 3	juvenis autem	juvenis quidem		A 2	manus has	manus nunc has

Seite	Zeile	Text des Recueil.	Text des Codex E.	Seite	Zeile	Text des Recueil.	Text des Codex E.
	B 2	dissidio	discidio	644	A 1	per dies	post dies
	B 3	versus	versus urbem		A 2	Deia	Dehinc
	B 5	fugamque	fugamque ad urbem		D 1	Exinde post	Post hec post
					D 4	et satis	ac satis
638	A 2	qui ingressi	Hii ingressi		E 3	conductu ipsius	conductu illius
	A 4	Ascalonam	Ascalona	645	B 5	reperit	repperit
	A 5	ab hac quarta feria	a die hac mercurii	646	D 2	equos eorum	equos illorum
				647	C 5	abduxerunt	adduxerunt
	D 1	Eam vero	Hanc vero	648	A 3	et Sagittam	et fehlt.
639	A 1	voluit	disposuit		A 4	sublevare	posse subvenire
	C 1	Rorgius	Rorgus		A 5	et de nocte	et am Rand nachgetragen.
	C 4	sepultus est	locatus est				
	E 2	ab eodem	ab eo		C 1	abduxit	adduxit
640	B 2	atque dextris adinvicem	et adinvicem dextris		C 2	abundantia	habundantia
					C 4	et pro	et fehlt.
	B 5	servili conditione	servili jure		C 5	Geigremich	Gegermich
	E 5	Christianorum	christiano	649	A 3	Ipse vero Balde-winus	Balduinus autem; ipse fehlt.
	F 1	Femiam	Phemiam				
	F 3	et cives	et fehlt.		B 1	Geigremich	Gegermic
641	A 5	Femiam	Phemiam		B 4	liberationem	liberatione
	C 2	sumentes	assumentes		C 2	civitatem	civitate
	C 5	fidem servamus; si	fidem firmamus ut si	650	B 1	obsedit	civitatem obsedit
					C 1	exorta	exorte
	D 3	facies et rependes	facias et rependas		D 1	aeneas	ereas
					D 5	Tandem cum	Tandem dum
642	A 3	tradita civitate	fehlt.	651	A 1	Bothiliae	Bothylie
	A 4	occisi	in dolo occisi		A —	urbi Dyrhachio	urbi Dyrachii
	A —	precatum	precati		B 2	et suos	suosque
	B 4	ideoque	et ideo		C 2	adeptus erat	adeptus est
	D 5	et reos	ac reos	652	A 1	ciborum	cibariorum
	E 2	Suet	Sueth		B 3	Apuliam	Appuliam

12

Seite	Zeile	Text des Recueil.	Text des Codex E.	Seite	Zeile	Text des Recueil.	Text des Codex E.
	B 5	fraudulentia	fraudulenta	663		Incipit liber un-	XI.
	D 5	et omnium	omniumque			decimus.	
	E 4	erectis	electis		A 5	Archas	Arcas
653	A 3	Jordauem	Jordanen		B 3	habitatoribus	habitoribus
	B 4	et viros ac	ac viros et		B —	nimia	fehlt.
	B —	invaderet . . .	invaderent . .		C 2	deditionem	deditione
		captivaret	captivarent		C 4	potuit	poterat
	C 2	plurimumque	et plurimum		D 3	idque	que fehlt.
	C —	sunmque gregem	gregemque suum		D 4	retulit	refereus
	C 3	repererunt	reppererunt	664	E 2	quem Tancredus	quam Taucredus
654	A 2	pius Rex	dominus rex	665	A 5	eundem portum	eandem portum
	A 5	irrogare	inferre		C 3	super his nil	nihil super his
	E 3	in ea	in eis		C 5	se promisisse	se fehlt.
655	A 1	praesidia	presidium		D 1	Gibel	Gibcel
	A 3	Cuvin	Cvuin		D 3	Willehno	Wilehno
	D 2	et mulieres	ac mulieres	666	B 3	consilio	concilio
	D 5	egressus	regressus	667	B 4	nuper	noviter
656	B 3	bisantiorum	aureorum		D 3	regis	regis Balduini
	C 3	Tandem	Tandem vero		A 2	et compositis	ac compositis
	D 2	urbis	civitatis	668	A 3	injuste	juste
	E 3	insecutus	insequutus		A 5	Archas	Arcas
657	A 2	medio	medium		C 5	efferentes	deferentes
	A 5	intorquentes	torquentes		E 3	de latibulo	a latibulo
	C 1	conspicientes	aspicientes	669	F 2	Archas	Arcas
	D 1	et sollerti	et fehlt.		G 3	commeabili	comeabili
	F 2	vel . . . vel	et . . . et	670	A 5	ac sata	et sata
658	A 3	omnesque	et cunctos		B 5	Armigozi	Amigarzi
	C 3	multoque	et multo		D 1	suique	et sui
	D 1	Evermerus	Evermarus		E 1	machina	machine
659	A 3	idem Evermerus	idem domuus	671	B 1	et patefacta	ac patefacta
			Evermarus		B 5	repererunt	reppererunt

— 91 —

Seite	Zeile	Text des Recueil.	Text des Codex E.	Seite	Zeile	Text des Recueil.	Text des Codex E.
	C 4	Pentecostes	Pentecosten		B 4	de Burg	de Burc
	D 1	de domo	de regno		D 1	occurrerent	occurereut
	D 2	nostra et	nostra ac		E 2	Baruch	Baruc
	E 5	dare	ponere	676	A 1	considentes	consedentes
672	A 3	apprime	adprimo	677	A 4	totam portam	totam portam
	A 5	solerti	sollerti		C 3	adimplere posset	adimplere vellet
	B 4	concurrentes	occurrentes		C 4	vinculo	osculo
	D 2	regis	regis Balduini		D 2	deinde aiebat	deinde agebat
	E 2	de ejus	de ipsius	678	B 2	rex Baldewinus et Bertrannus	Balduinus rex Bertrannus accitis
	E 5	Baldewini	Baldivini de Burg			ascitis	
673	A 3	se velle	se fehlt.		C 3	impugnatione	oppugnatione
	B 1	adversus eam	adversus Balduinum de Burc		D 5	et Bertrannus	et fehlt.
	C 4	querimonia	querela	679	A 2	fundamento	fundamentum
	D 3	subjecit	subiciet		C 1	sibi dari	sibi a rege dari
	D 4	cognatione nostra	nostra fehlt.		C 2	manibus	manu
					C 4	Rex vero	Rex Balduinus; vero fehlt.
	F 3	et propaganda	fehlt.				
	G 1	moliri insidias	moliri calumnias		D 2	suorumque	et suorum
674	A 2	confratrem	confratrum		D 4	Ascalonam	Ascalona
	A —	indeficientem	fehlt.	680	A 2	nomen ejus	nomen illius
	B 3	dissidia	discidia		D 2	timoris tactus	tactus fehlt.
	D 5	et noctis	ac noctis		C 3	suorumque	et suorum
	C 1	Eufraten	flumen Eufraten		E 1	Burg	Burc
	C 2	in terga	in tergo		F 3	christianos	catholicos
	C 3	eorum	illorum	681	B 2	in ore gladii	in gladio
	D 5	valens	valentem		B 3	Rex igitur	igitur fehlt.
	E 1	et sagitta	sagittis		C 2	Malducus	Malducius
675	A 2	de Burg	de Burc		C —	ducentorum milium	milium fehlt.
	B 1	eorum	illorum				
	B 3	loco aliquo	aliquo in loco		C 3	Armigarzi	Amigarzi

12*

Seite	Zeile	Text des Recueil.	Text des Codex E.	Seite	Zeile	Text des Recueil.	Text des Codex E.
	C 5	deficientes	deficiente	690	A 3	et dato	ac dato
	E 2	ac retardatos et	et retardatos ac		D 3	et retinere	ac retinere
	E 3	cum spoliis	cum suis spoliis		D 1	abduxerunt	adduxerunt
682	B 2	filiasque	filias quoque		E 2	Rex itaque	itaque *fehlt*.
	B 3	intra moenia	infra menia		F 1	per aquas	per aquam
	C 1	et tam dulose	tam *fehlt*.	691	C 2	in impetu castra	in impetu in castra
	D 1	Burg	Bure				
	D 3	Cantalon	Cantalov		C 5	plurimos	plurimos incautos
	D 5	et centum	et *fehlt*.				
	E 3	Willelmus	Wilehnus		E 2	contuentes	intuentes
	E 5	Engelrandus	Engelgerus		E 5	Christianos	christianorum
683	A 1	Gudo	Gvodo		F 4	Deinde	Dein
	B 2	egregius et	*fehlt*.	692	B 4	Tyril quoque	Tyrii itaque
	C 5	Giril	Gyril		C 2	Tyrii	Tirii
	D 2	institerunt	insisterunt		D 1	sulphure	sulfure
684	C 3	obviam facta	obvia facta		E 3	tamen Rex	tandem rex
	D 1	Regis et	regis Balduini et		F 2	spondentes pecuniam et jurantes se	spondentes et juniam et se
	D 5	reperit	repperit				
685	B 2	introrsns	introrsum				
	C 2	ceterisque	et ceteris	693	B 4	illam sanctam	illic sanctam
	D 4	abundantius	habundantius		D 2	donisque	et donis
686	A 2	mausiones	loculos, mansiones *ist überschrieben*.		E 3	in custodiam	in custodia
					E 5	Tancredus	frater Taucradus
					E—	vehemente	vehementi
	A 5	et Sarraceni	ac Sarraceni		F 1	nostri	*fehlt*.
	D 1	viros vero	vero *fehlt*.	694	A 1	et bellicosi	ac bellicosi
	D 4	discessit	decessit		A 2	Malducus	Malducius
689		Incipit liber duodecimus.	liber XII.		B 2	expugnandos	expellendos
					C 5	in paratu	in apparatu
					C—	Galilaeae	Galylee
	A 1	Anno regni	Posthec anno regni		C—	Tabariae	Taberie

Seite	Zeile	Text des Recueil.	Text des Codex E.	Seite	Zeile	Text des Recueil.	Text des Codex E.
695	A 3	gravati	aggravati	700	D 4	machinatione	machinamento
	E 1	et contestatur	ac contestatur		D 5	repperit	reperit
	E 4	eo videlicet	ipso videlicet		E 1	Azoparth	Azapart
	F 2	Turci vero	Turci viri		E 3	caeremoniis	cerimoniis; desgl. später.
	F 3	cum eo ... non	cum eo ultra ... nequaquam		G 3	inexcusabili	inexcusabilis
696	A 3	dignissima	digna		A 5	Femine	Phemie
	B 5	usque ad	ad fehlt.	701	A —	atterentes	adterentes
	C 1	sexdecim	sedecim		B 1	Femine	Phemie
	E 5	gladios	fehlt.		C 2	moras	moram
	E —	et clipeos	et fehlt.		D 2	Rotgerus	Rogerus
	F 1	omnem armaturam	omnem aliam armaturam		E 1	Rex igitur	Rex Balduinus; igitur fehlt.
697	A 1	in quo	in fehlt.	702	B 3	Sanctae Crucis	sancte † crucis
	C 4	viris christianis	viri christianis		D 4	ut propinqui	ut fehlt.
	E 4	et in omni	in fehlt.		F 3	hinc et hinc	hinc et abhinc
	F 1	in honorem	in honore	703	A 5	Sina	Syna
	F 4	connubio	conubio		B 2	rogatus eorum nunciis ad se praemissis	rogatusabeorum premissis nunciis
698	A 5	Stamirram	Stamyrram				
	B 2	Galilaea	Galylea				
	C 5	universa pecunia	universam pecuniam		B 3	ne scilicet	scilicet fehlt.
					B 4	iutra	infra
699	A 2	in navim	in navem		C 3	adventus ejus	adventus illius
	A 3	universa	universo		D 2	noverant	noverat
	B 3	conderentur	condirentur		D 5	ducit Ascalonem	ducit ad Ascalonem
	B 4	regis	fehlt.				
	C 1	facientes	facientibus	704	A 1	in Jherusalem	in fehlt.
	D 2	Ptolomaida	Ptolomaide		A 5	in conventione	in fehlt.
	E 4	Cayphas	Caiphas		B 1	largitus est	partitus est
	F 3	navim	navem		C 1	divulgato	vulgato
	G 3	ad medium	ad mediam		D 1	Gibelino	Gibilino

Seite	Zeile	Text des Recueil.	Text des Codex E.	Seite	Zeile	Text des Recueil.	Text des Codex E.
	E 2	connubiis	fehlt.		E 4	quantulumcun-	quantulumque
	E 4	Ptolomaida	Ptholomaida			que	
	F 4	monitas	ammonitus		F 5	Solomonis	Salemonis
705	B 1	extolli	exaltari		G 1	Neapolin	Neapolym
	B 3	assuetis	asuetis		G 2	Sancti Abrahae	sancti Abraham
	B 3	loca arida	loca horrida		G —	Ptolomaidam	Ptholomaidem
	C 2	ei fluvius Nilus	eis fluvius Nili	710	C 1	regione sua	regione Sua
	C 3	feriae quintae	Jovis		D 3	solliciti	sollicite
	E 3	Universi quippe	Universi quidem		E 1	huc	usque huc
	F 2	abundanter	habundanter		E 3	Tabarine	Taberie
706	C 1	ultra modum	trans modum		F 4	centum et sexa-	et fehlt.
	C 5	attestatur	adtestatur			ginta	
	D 6	Rex	Balduinus rex	711	B 1	auxiliatrices	auxiliares
	E 3	carissimi	karissimi		D 2	alius	alius vero
	E 6	quia ... et quia	quod ... et quod		E 3	involat	advolat
	F 1	habeantur	habentur		E —	autem	tamen
707	B 3	et vix	et fehlt.		F 1	sunt	sunt scheint dagestanden zu haben, ist aber ganz verwischt.
	C 2	magis instat	magis ac magis instat				
	E 4	feria tertia	feria tertia que est dies Martis		F 4	Aestimo igitur	igitur fehlt.
708	A 2	exhalavit	exalavit		G 3	Ptolomaidae	Ptholomaide; desgleichen später.
	D 1	Isaac	Ysaac				
	D 3	et a sinistris	a fehlt.				
	F 1	hymnis	ymnis	712	A 1	principum	procerum
	F —	in laudibus	in laude		A 4	ac universorum	et universorum
709	A 1	ferebatur	referebatur		E 5	Jhesu	Jhesu in Jherusalem
	B 2	principe	rege				
	B 3	Regis	principis		F 3	Cuschet	Cuscheth
	D 4	suscipere	accipere		F 5	conferentes	consereutes
					G 1	Jhesus	Jhesu

Nachtrag.

Zu dem oben Seite 20 und 22 besprochenen eigenthümlichen Gebrauch von *obsidere* vergl. noch meine Geschichte der Kreuzzüge, 2. Auflage, Seite 63, Anm. 1.